LA FABULEUSE HISTOIRE DES

FRANCE BRÉSIL

Direction : Jean-Louis Hocq
Éditeur : Benoît Bontout
Mises en pages : Thierry Sestier
Couverture et illustrations : Zoran Lucić
(pages 49, 71, 77, 103, 110, 111, 121)
Fabrication : Emmanuelle Laine

IconSport
p. 8 (en bas), 10 (en haut), 11, 13 (en haut), 15 (en haut et en bas), 21, 23, 24, 25 (en haut), 27, 29, 33, 40, 41, 44 (Hernanes et 4e photo(même photo qu'à la page 15), 47, 51 (en bas à droite), 57, 58-59, 64 (à gauche), 67, 68 (gauche et droite), 70, 71, 75, 82 (Pelé, Socrates et Cafu), 83 (1978, 1986, 1998, 2006, 2011), 84 (toutes), 87, 90-91, 92, 93, 104-105, 130-131, 132, 134 (en haut).

AFP
p. 4, 9 (en haut et en bas), 10 (en bas), 12 (en haut et en bas), 34, 35, 42-43, 51 (en bas à gauche), 62-63, 64 (à droite), 64-65 (en haut), 83 (1963, 1977, 1981, 1992, 1997, 2001), 122-123, 126-127, 128, 132, 134 (en bas), 138, 140, 142.

Panoramic
p. 13 (en bas), 14 (en haut et en bas), 24, 25 (en bas), 30, 36-37, 44 (Six et Desailly), 51 (en haut), 69 (panoramic), 72, 78-79, 82 (Ronaldo), 83 (1958, 2004, 2013), 89, 94-95, 99, 101, 107 (toutes), 109, 111, 120, 125, 137, 139 (toutes), 140-141, 142 (gauche), 141.

Imago
p. 32, 44 (6e photo à droite), 82 (Ziko), 85, 114-115.

Press Sports
p. 52-53, 88.

Adolphe Dhrey
p. 31, 136.

DR
p. 8 (en haut), 44 (5e photo), 45, 55, 74.

Crédit photo couverture :
Ronaldo et Zidane (**Panoramic**).
Crédits photos quatrième de couverture :
de gauche à droite, Garrincha (**Imago**), Zico (**AFP**), Platini (**Iconsport**), Ronaldo (**Panoramic**), Zidane (**Panoramic**), Benzema (**AFP**), Ribéry (**Panoramic**), Neymar (**AFP**).

ISBN : 978-2-263-06525-5
Code éditeur : S06525
Dépôt légal : mai 2014
Imprimé par Grafica Estella en Espagne

Retrouvez-nous sur www.solar.fr

Solar | un département **place des éditeurs**

place des éditeurs

LA FABULEUSE HISTOIRE DES FRANCE BRÉSIL

Illustrations originales de Zoran Lucić

adidas
16
adidas
FABIEN
BARTHE
adidas

“Quand la France est à son meilleur niveau collectif, on sait bien que sa rencontre avec le Brésil va faire des étincelles.”

Ce fut le cas en 1958, mais la blessure de Jonquet, à une époque où les remplaçants n'existaient pas, faussa la rencontre, survolée par un tout jeune Brésilien : Pelé. La légende de ces confrontations à part était en marche. Il se passe toujours quelque chose de magique pendant un France-Brésil... Un ballon qui ne veut pas sortir des limites du terrain ou qui fait mine de partir dans les tribunes avant de plonger in extremis dans la cage. Un grand pont d'un néo-international sur une légende du football ou trois seigneurs du ballon rond qui manquent tour à tour penalty et tirs au but. Si côté brésilien, ce classico du foot international prend parfois des allures d'affiche maudite, pour les Bleus, il évoque plutôt des souvenirs aux couleurs vives que le temps n'altère en rien. Du soleil platine de Guadalajara 1986 au halo de lumière qui entoura Zinedine Zidane le 1er juillet 2006, en passant par la nuit blanche du 12 juillet 1998, on n'est pas près d'oublier ces France-Brésil.

SO MM AIRE

FRANCE BRÉSIL - LA MAGIE DU FOOTBALL

AMICAL

1930

BRÉSIL 3
FRANCE 2

BUTEURS : DOMINGUES 27e, FRIEDENREICH 41e, DOMINGUES 49e – DELFOUR 7e, 19e.

Première rencontre historique entre le Brésil et la France pour un match amical qui fut homologué par la Confédération brésilienne de football, mais non par la Fédération française. Éliminée au premier tour de la première Coupe du monde en Uruguay, l'équipe de France profite de sa présence en Amérique du Sud pour affronter les Brésiliens qui s'imposent grâce à Arthur Friedenreich, le meilleur buteur de l'histoire (1 329 buts). C'est donc une première défaite pour les Français qui devront attendre… 1978 pour prendre leur revanche.

COUPE DU MONDE

1958

FRANCE 2
BRÉSIL 5

BUTEURS : FONTAINE 9e, PIANTONI 82e – VAVA 2e, DIDI 39e, PELÉ 52e, 64e, 75e.

Première rencontre officielle entre la France et le Brésil pour cette demi-finale de la sixième Coupe du monde, en Suède. Malgré une bonne attaque menée par Kopa, Fontaine, Piantoni et Vincent, les Bleus ne parviennent pas à bout de la défense brésilienne ni du tout jeune Pelé qui brille par trois buts à lui seul. Le Brésil va finalement remporter cette compétition alors que Just Fontaine décroche le record de buts inscrits en Coupe du monde.

AMICAL

1963

FRANCE 2
BRÉSIL 3

BUTEURS : WISNIESKI 70e, DI NALLO 82e – PELÉ 30e, 76e, 84e.

Pour leur tout premier match sur le sol français, les Brésiliens remportent la victoire grâce à un seul homme, Dieu pour certains : Pelé. Le lendemain de la rencontre, le journal *L'Équipe* titrera : « Pelé 3, France 2 ».

AMICAL

1977

BRÉSIL 2
FRANCE 2

BUTEURS : ROBERTO 51e, EDINHO 30e – SIX 52e, TRÉSOR 85e.

Un an avant le Mondial argentin, les Français affrontent l'équipe brésilienne dans le mythique stade Maracana où les *Auriverde* sont invaincus depuis vingt ans. Après un début de match difficile, les Bleus se ressaisissent sous l'impulsion du but de Didier Six et sauvent leur honneur puisque, grâce au but de Trésor en fin de match, c'est la première fois qu'ils ne sont pas battus par les Brésiliens.

AMICAL

1978

FRANCE 1
BRÉSIL 0

BUTEUR : PLATINI 86e.

Le Parc des Princes est le théâtre de ce match historique qui marque la toute première victoire française contre les Brésiliens, pourtant triples champions du monde, et ce grâce à un but de Platini qui reprend une passe de Petit.

AMICAL

1981

FRANCE 1
BRÉSIL 3

BUTEURS : SIX 81e – ZICO 21e, REINALDO 27e, SOCRATES 52e.

Didier Six sauve l'honneur français en fin de match avant de se faire expulser pour geste incorrect envers l'arbitre. Les Bleus, sans Platini, ne pouvaient pas faire grand-chose d'autre face à des Brésiliens déterminés et emmenés par Zico et Socrates.

COUPE DU MONDE

1986

FRANCE 1
BRÉSIL 1

BUTEURS : CARECA 17e – PLATINI 41e.

Match de légende que ce quart de finale dont on se souvient encore, près de trente ans plus tard. Les deux équipes vont maintenir une haute tension jusqu'à la séance des tirs au but admirablement maîtrisée par Joël Bats face à Socrates, Branco et Julio César. Finalement, la France élimine la Seleçao, qui partait pourtant favorite.

AMICAL

1992

FRANCE 0
BRÉSIL 2

BUTEURS :
MARTINI (CONTRE SON CAMP) 43e, LUIZ HENRIQUE 52e.

Pour ce match amical de préparation pour le Bulgarie-France qualificatif de la Coupe du monde, les Français et leur nouveau sélectionneur Gérard Houllier essuient une sévère défaite face au Brésil quelques mois seulement après leur élimination de l'Euro UEFA en Suède. Raï découvre le Parc des Princes et vice versa.

AMICAL

1997

FRANCE 1
BRÉSIL 1

BUTEURS : CARLOS 22e – KELLER 60e.

Match du Tournoi de France organisé entre l'Angleterre, le Brésil, l'Italie et la France en guise de répétition générale de la Coupe du monde 1998. Cette rencontre avec le Brésil est le premier match de la compétition qui sera finalement remportée par l'Angleterre.

COUPE DU MONDE

1998

FRANCE 3
BRÉSIL 0

BUTEURS :
ZIDANE 27e ET 45e+1, PETIT 90e+3.

1998 ? L'équipe de France entre dans la légende et dans le cœur des Français par cette première et écrasante victoire, à domicile, en Coupe du monde. C'est aussi la consécration pour Zidane, dont le statut d'icône reste encore à ce jour incontesté.

★

COUPE DES CONFÉDÉRATIONS

2001

FRANCE 2
BRÉSIL 1

BUTEURS : PIRÈS 6e, DESAILLY 53e – RAMON 30e.

Championne du monde en titre, l'équipe de France, sans ses têtes de file Zidane, Barthez, Thuram ou Trezeguet, se qualifie malgré tout. Grâce à cette victoire face à une équipe B du Brésil pour la finale de la Coupe des Confédérations, elle affrontera et dominera le Japon.

AMICAL

2004

FRANCE 0
BRÉSIL 0

Pour ce match de célébration du Centenaire de la Fifa qui fait débuter Bernard Mendy sous le maillot bleu, les deux derniers champions du monde s'affrontent pour la première mi-temps en tenue d'époque du début du xxe siècle. Malgré quelques occasions de Henry ou Trezeguet côté français, cela se termine par un match nul à trois semaines du coup d'envoi de l'Euro 2004.

COUPE DU MONDE

2006

FRANCE 1
BRÉSIL 0

BUTEUR : HENRY 57e.

Quatrième affrontement en Coupe du monde entre les deux équipes. Après seulement quelques minutes de match, les Brésiliens comprennent que la bataille sera pénible face à un Zidane très inspiré qui mène le jeu et entraîne ses coéquipiers avec lui. La victoire des Bleus leur permet d'affronter le Portugal en demi-finale.

AMICAL

2011

FRANCE 1
BRÉSIL 0

BUTEUR : BENZEMA 54e.

Les Bleus entament l'année 2011 par une victoire grâce au tir de Karim Benzema qui marque à cette occasion son douzième but pour l'équipe de France. Ce succès permet un regain d'entrain pour les Tricolores de Laurent Blanc qui ont profité de l'expulsion d'Hernanes pour s'imposer après une première période mitigée.

AMICAL

2013

BRÉSIL 3
FRANCE 0

BUTEURS : OSCAR 59e, HERNANES 85e, LUCAS 90e+3.

Pour la répétition générale de la compétition et à presque un an pile du match d'ouverture, le Brésil, emmené par sa nouvelle garde (Neymar, Oscar, Lucas, etc.), étrille des Français déjà défaits quelques jours plus tôt en Uruguay.

B

comme...

BILAN

BOSSIS

BUTS (TOP 3)

BASQUE

BELLONE

BB

BLACK

BLANC

BEUR

TÉLÉ SPECTATEURS

23 647 480

FINALE 1998 (20 577 480 SUR TF1 ET 3 070 000 SUR CANAL +)

QUART DE FINALE 2006

17 900 000

NOMBRE DE SPECTATEURS

1977 STADE MARACANA-RIO DE JANEIRO-AVEC

83 535 SPECTATEURS

146

JOUEURS FRANÇAIS ONT JOUÉ CONTRE LE BRÉSIL DE 1930 À 2013. 110 JOUEURS FRANÇAIS ONT JOUÉ UN SEUL MATCH, 24 ONT JOUÉ DEUX MATCHS, 7 ONT JOUÉ TROIS MATCHS, 4 ONT JOUÉ QUATRE MATCHS ET UN JOUEUR A JOUÉ CINQ MATCHS. ZIDANE AURA JOUÉ 4 MATCHS EN TOUT ET VIEIRA 5

NOMBRE DE BUTEURS

43 BUTS MARQUÉS EN TOUT DEPUIS 1930, DONT 19 BUTS POUR LA FRANCE ET 24 BUTS POUR LE BRÉSIL.

17 pour la France : 1930 Delfour (7e, 19e) – 1958 Fontaine (9e), Piantoni (82e) – 1963 Wisnieski (70e), Di Nallo (82e) – 1977 Six (52e), Trésor (85e) – 1978 Platini (86e) – 1981 Six (81e) – 1986 Platini (41e) – 1997 Keller (60e) – 1998 Zidane (27e et 45e+1), Petit (90+3e) – 2001 Pirès (6e), Desailly (53e) – 2006 Henry (57e) – 2011 Benzema (54e). **20 pour le Brésil** : 1930 Domingues (27e, 49e), Friedenreich (41e) – 1958 Vava (2e), Didi (39e), Pelé (52e, 64e, 75e) – 1963 Pelé (30e, 76e, 84e) – 1977 Roberto (51e), Edinho (30e) – 1981 Zico (21e), Reinaldo (27e), Socrates (52e) – 1986 Careca (17e) – 1992 Martini (43e), Luiz Henrique (52e) – 1997 Roberto Carlos (22e) – 2001 Ramon (30e) – 2013 Oscar (59e), Hernanes (85e), Lucas (90e+3).

BRÉSIL 6 VICTOIRES

2013 (3 À 0), 1992 (2 À 0), 1981 (3 À 1), 1963 (3 À 2), 1958 (5 À 2), 1930 (3 À 2)

FRANCE 5 VICTOIRES

2011 (1 À 0), 2006 (1 À 0), 2001 (2 À 1), 1998 (3 À 0), 1978 (1 À 0)

On dénombre sur l'ensemble des matchs France-Brésil, **1 CARTON ROUGE POUR LA FRANCE ET 2 CARTONS ROUGES POUR LE BRÉSIL. 11 CARTONS JAUNES POUR LA FRANCE ET 8 POUR LE BRÉSIL.**

153

JOUEURS BRÉSILIENS ONT JOUÉ CONTRE LA FRANCE. 117 JOUEURS ONT JOUÉ 1 MATCH, 27 ONT JOUÉ DEUX MATCHS, 5 ONT JOUÉ TROIS MATCHS, 4 ONT JOUÉ QUATRE MATCHS. EDINHO, CAFU, ROBERTO CARLOS ET RONALDO SONT CEUX QUI EN ONT JOUÉ LE PLUS.

BILAN

1958

PREMIER FRANCE-BRÉSIL DE L'HISTOIRE EN COUPE DU MONDE, UNE ANNÉE RECORD POUR JUST FONTAINE AVEC

13 BUTS EN COUPE DU MONDE. CETTE ANNÉE-LÀ PELÉ AVAIT 17 ANS.

1998

EMMANUEL PETIT INSCRIT LE

1000E

BUT DE L'HISTOIRE DE L'ÉQUIPE DE FRANCE.

2003

ANNÉE DE LA PREMIÈRE RENCONTRE FRANCE-BRÉSIL DANS LE FOOTBALL FÉMININ

FRANCE – BRÉSIL : 1-1 - RFK Stadium, Washington - 15 000 spectateurs - Temps beau - Pelouse en très bon état - Buts : Katia (58e) pour le Brésil - Pichon (94e) pour la France - Avertissements : Daniela (50e) pour le Brésil - Provost (71e) pour la France.

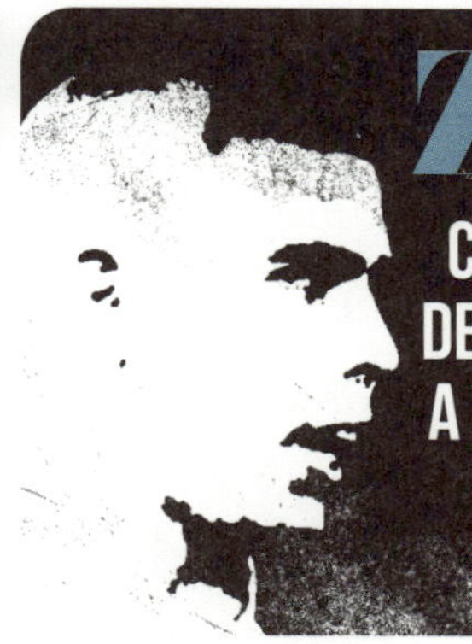

ZÉRO

COMME LE NOMBRE DE FOIS OÙ RONALDO A VAINCU LES BLEUS EN COMPÉTITION OFFICIELLE.

ZIDANE A DÛ ATTENDRE SA 106e SÉLECTION POUR OFFRIR UNE PASSE DÉCISIVE À THIERRY HENRY, QUI LUI A DÛ PATIENTER 83 MATCHS POUR EN RECEVOIR UN QUI LUI A PERMIS DE MARQUER SON 136e BUT EN SÉLECTION. LE 6e BUT DE HENRY EN COUPE DU MONDE.

2 785 100 NOMBRE DE SPECTATEURS SUR LES 64 MATCHS DE LA COUPE DU MONDE, SOIT 43 517 PAR RENCONTRE

1997 : À LA 22E MINUTE, TIR DE 35 MÈTRES DE ROBERTO CARLOS, CHRONOMÉTRÉ À 122 KM/H*

*** LE COUP FRANC IMPOSSIBLE**

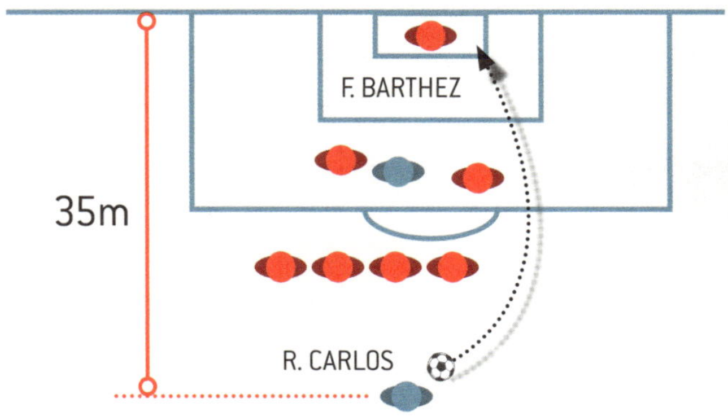

TOTAL DE MATCHS DISPUTÉS

15 : victoire Brésil / victoire France / match nul

3% DES FRANÇAIS PENSENT QUE L'ÉQUIPE DE FRANCE SERA CHAMPIONNE DU MONDE EN 2014

(20minutes.com, source sondage TNS Sofres).

TOTAL DE BUTS MARQUÉS

44 : buts Brésil / buts France

28 ANS, C'EST LE LAPS DE TEMPS LE PLUS LONG ENTRE DEUX FRANCE-BRÉSIL (DE 1930 À 1958) **28**

PHASES FINALES COUPES DU MONDE **FRANCE 13** **BRÉSIL 20**

LE BRÉSIL A DISPUTÉ 7 FINALES (1950, 1958, 1962, 1970, 1994, 1998, 2002), DONT 3 CONSÉCUTIVES (1994, 1998, 2002), CONTRE 2 POUR LA FRANCE (1998, 2006).

LES 15 RENCONTRES

BRÉSIL : 1930 stade Chaves (Rio de Janeiro) – 1977 stade Maracana (Rio de Janeiro) – 2013 Grêmio Arena (Porto Alegre). **SUÈDE** : 1958 stade Rasunda Stadium (Stockholm). **FRANCE** : 1963 stade Olympique (Colombes) – 1978 Parc des Princes (Paris) – 1981 Parc des Princes (Paris) – 1997 stade Gerland (Lyon) – 1992 Parc des Princes (Paris) – 1998 Stade de France (Saint-Denis) – 2004 Stade de France (Saint-Denis) – 2011 Stade de France (Saint-Denis). **MEXIQUE** : 1986 Jalisco (Guadalajara). **CORÉE DU SUD** : 2001 Suwon WC Stadium (Suwon). **ALLEMAGNE** : 2006 stade de la Coupe du monde (Francfort).

21 JUIN 1986 | GUADALAJARA

MAXIME BOSSIS UNE FINALE AVANT L'HEURE

COMMENT AVIEZ-VOUS ABORDÉ CE QUART DE FINALE ? COMMENT VOYIEZ-VOUS VOS CHANCES DE QUALIFICATION ?

Après le huitième de finale contre l'Italie, nous pensions avoir le niveau pour éliminer n'importe quelle équipe, tout en sachant que nous pouvions être battus par une formation aussi forte que le Brésil de cette époque. C'est toujours particulier de jouer le Brésil en compétition, le pays du football, le pays de Pelé... Quand j'avais 15 ans en 1970, je regardais le Brésil à la Coupe du monde et il me faisait rêver. France-Brésil, c'était une finale avant l'heure, comme l'aurait été un Brésil-Argentine... plus qu'Allemagne-Argentine.

LE BUT DE CARECA VIENT TRÈS VITE, SUR UNE ACTION QUI MET LA DÉFENSE HORS DE POSITION. QU'AVEZ-VOUS RESSENTI À CE MOMENT-LÀ, AVEZ-VOUS DOUTÉ ?

Les vingt premières minutes, nous avons eu de très gros doutes ! Ça allait très, très vite, trop vite pour nous. Nous avions l'impression d'être dans un autre monde, de jouer face à des extraterrestres. D'habitude, nous avions le monopole du ballon avec des joueurs comme Giresse, Platini et les autres, mais là, franchement, nous courions dans le vide, et le ballon, nous ne le voyions pas. Avec ce but de Careca, nous nous sommes dit que nous étions peut-être partis pour une sévère punition. Ensuite, Henri Michel a effectué un changement tactique : Luis Fernandez, qui évoluait arrière droit et dont ce n'était pas vraiment le poste, est repassé au milieu et nous nous sommes rééquilibrés progressivement. Nous avons commencé à faire jeu égal, mais auparavant, nous avons frôlé la catastrophe.

ON A DIT PAR LA SUITE QUE, CE JOUR-LÀ, LE CARRÉ MAGIQUE AVAIT RECULÉ D'UN CRAN, ET QU'IL ÉTAIT COMPOSÉ DE VOUS, BATTISTON, TIGANA ET FERNANDEZ. LE MATCH S'EST JOUÉ DANS CETTE ZONE ?

En partie, oui. Face au Brésil, il faut des défenseurs centraux et des milieux défensifs costauds. Les forces étaient plus diluées qu'avec le carré magique de 1984, avec lequel on pouvait s'attendre à ce que Giresse ou Platini fassent la différence. Ils étaient un peu moins bien en 1986... Nous avions quand même des arguments pour contrecarrer les meilleurs Brésiliens, avec Tigana et Fernandez devant nous, et des rôles bien définis entre Battiston et moi. Au début de la compétition, nous étions en couverture alternée, mais, par la suite, j'avais accepté de jouer plus comme un stoppeur de l'époque, au marquage des avant-centres Belanov, Altobelli ou Careca, Battiston évoluant un peu plus derrière.

QUEL SENTIMENT AVEZ-VOUS EU DE VOTRE PROPRE MATCH ?

Sur un plan personnel, c'est peut-être le match que j'ai le moins maîtrisé de cette Coupe du monde, parce qu'en face, j'avais Careca. Je venais d'avoir Altobelli au marquage contre l'Italie, qui était également un grand attaquant, et cela s'était bien passé. Mais Careca... C'était le Careca de Naples, qui jouait avec Maradona : à eux deux, ils faisaient une équipe. Même si les gens parlent beaucoup de ce France-Brésil, nous, défenseurs, avons un bien meilleur souvenir de celui contre l'Italie, que nous avions extrêmement bien maîtrisé. Le sentiment de plénitude était plus grand, plus profond que contre le Brésil. Nous avons réussi à tenir le coup, mais avec l'impression d'être souvent à la limite de la rupture, en souffrant beaucoup.

LE PENALTY DE ZICO ARRÊTÉ PAR JOËL BATS VOUS A-T-IL DONNÉ L'IMPRESSION QUE LA CHANCE ÉTAIT DE VOTRE CÔTÉ ?

Arrêter ce penalty, après avoir réussi autant d'arrêts exceptionnels, c'était un signe. Nous avons eu le sentiment que Joël était quasi imbattable. Avoir un gardien en état de grâce nous a laissé penser que nous pouvions aller au bout et les éliminer. Il a fait un match fabuleux ! Et puis, que Zico rate un penalty, ou plutôt qu'il soit arrêté, c'était aussi un signe.

LE PLACAGE DE CARLOS SUR BELLONE, NON SANCTIONNÉ, A-T-IL RAVIVÉ LE SOUVENIR DE SÉVILLE DURANT LA PROLONGATION ?

Là, nous sommes repassés par d'autres sentiments. C'est le genre de match, quand deux équipes se tiennent d'aussi près, toutes époques confondues, qui se joue sur un rien. Mais nous n'avions pas assez de recul sur le moment pour nous poser toutes ces questions. Moi, j'ai repensé à Séville, mais à partir des tirs au but seulement. Je me suis dit : « C'est pas vrai, l'histoire pourrait se répéter, il pourrait y avoir de nouveau plus de cinq tireurs ! » Mais j'avais pris mes dispositions : je n'aurais tiré qu'en dernier (*rires*).

EST-CE QUE VOUS AVEZ GARDÉ DES SOUVENIRS PLUS VIFS QUE D'AUTRES, DES IMAGES PARTICULIÈRES DE CETTE RENCONTRE, DE CETTE JOURNÉE ?

L'arrivée au stade, toutes ces tribunes garnies de drapeaux et de maillots brésiliens, la musique, cette liesse... Avec tous ces supporters, c'était vraiment comme jouer le Brésil à Rio. Et à la fin du match, la déception énorme de ces mêmes supporters a été tout aussi marquante. C'était un abattement complet. Je me souviens plus d'eux que de nos adversaires.

EST-CE QUE CE MATCH EST CELUI DONT ON VOUS A LE PLUS REPARLÉ DEPUIS LA FIN DE VOTRE CARRIÈRE DE JOUEUR ?

Il vient en deuxième position, juste après France-Allemagne 1982. Même si Guadalajara a beaucoup marqué les gens, c'est d'abord de Séville que l'on me parle... Je continue à voyager un peu, et ce qui est frappant, c'est le nombre de gens qui m'abordent et me parlent de ces matchs, trente ans après. On pourrait penser que certains grands souvenirs font oublier les précédents, mais la Coupe du monde 1998, par exemple, n'a pas effacé France-Allemagne ou France-Brésil. Tout comme ces matchs-là n'effacent pas non plus, pour moi, le souvenir de 1958, de l'équipe de France de Kopa et Fontaine.

★ **Jérôme Latta**

« NOUS AVONS EU LE SENTIMENT QUE JOËL ÉTAIT QUASI IMBATTABLE. »

LE BRÉSIL MÉRITAIT DE GAGNER

QUEL SOUVENIR CONSERVEZ-VOUS DU MATCH FRANCE-BRÉSIL 1958 ?

L'événement marquant, c'est la blessure de Robert Jonquet. Il y a 1-1 partout à ce moment-là. J'avais égalisé à la 9e minute après l'ouverture du score de Vava. Sans cette blessure, les Brésiliens auraient marqué moins de buts. Mais attention, ils avaient de bons attaquants, de bons milieux, de bons défenseurs et, si je puis dire, pour une fois un bon gardien (Gilmar). À 11 contre 11, c'était déjà difficile, à 10 contre 10 c'est devenu impossible. On s'est quand même consolés en finale en constatant que les Suédois ont été battus sur le même score alors qu'eux jouaient à domicile et à 11 contre 11.
Sinon je me rappelle que nous avions été trois Français Raymond Kopa, Jean Vincent et moi à figurer dans l'équipe idéale de la Coupe du monde. Il y avait aussi quelques Brésiliens...

COMMENT AVEZ-VOUS RÉAGI À LA BLESSURE DE JONQUET ?

À un moment on lui a dit de sortir. Il était resté sur le terrain et ne pouvait pas courir. Il ressentait une énorme douleur, même faire un une-deux en appui, il avait du mal. On lui a dit : « Ne reste pas là. » Ça ne servait à rien. Que l'on ne puisse pas faire appel aux remplaçants je n'ai jamais compris cette règle. Dans l'absolu, ça pouvait inciter à donner des coups, à bastonner. Je ne dis pas que ça a été le cas pendant ce match mais le règlement était absurde. C'est une incongruité. D'ailleurs, en règle générale, je n'aime pas ces matchs qui ne se terminent pas à 11 contre 11. En cas de carton rouge, j'aimerais qu'on exclue le joueur fautif mais qu'un de ses partenaires puisse le remplacer. En revanche, je le sanctionnerais de 10 matchs de suspension ! Avec les risques pour lui de perdre sa place de titulaire dans l'équipe, d'être remplacé par un jeune, ça serait dissuasif. Enfin, ce n'est pas si sûr. Quand je vois les gars qui enlèvent leur maillot en sachant pertinemment qu'ils prendront un carton jaune, je me pose des questions ! *(rires)*

QUE SE SERAIT-IL PASSÉ SI JONQUET AVAIT PU RETROUVER SES MOYENS OU ÊTRE REMPLACÉ ?

On ne pourra jamais savoir mais je pense que le Brésil l'aurait quand même emporté. L'écart au score aurait été moindre. Je pense que les Brésiliens seraient d'accord avec moi. Car nous avons eu la meilleure attaque de la Coupe du monde : 23 buts en 6 matchs. Ils nous craignaient. De nous voir évoluer à 10, ça ne les a pas attristés.

QUE VOUS A INSPIRÉ PELÉ QUAND VOUS L'AVEZ DÉCOUVERT DURANT CETTE COUPE DU MONDE EN SUÈDE ?

On s'est demandé : « Si à 17 ans et demi il joue déjà aussi bien, jusqu'où va-t-il aller ? » On ne s'est pas trompés. À mes yeux le seul qui aurait pu lui disputer le titre de meilleur joueur de tous les temps, c'est Di Stefano. Mais après s'être disputé avec ses dirigeants à River Plate en Argentine, il a d'abord rejoint la Colombie avant de s'installer en Espagne. Mais pour marquer l'histoire des Coupes du monde, c'était trop tard. Pelé, lui, a remporté 3 Coupes du monde. C'est ce qui le distingue de joueurs comme Messi ou Cristiano Ronaldo aujourd'hui.

FRANCE-BRÉSIL, EN DEHORS DE 1958 ÇA VOUS ÉVOQUE QUOI ?

1998, bien sûr. La blessure de Ronaldo. Mais cette année-là, la France comptait de toute façon beaucoup plus de talents dans son équipe que le Brésil. 1986 aussi.
La domination brésilienne avait d'abord été terrible avant que les Bleus ne rééquilibrent les débats. J'ai suivi tous les matchs de cette Coupe du monde au Mexique, je travaillais pour une compagnie aérienne. Ce match je l'ai suivi avec Dominique Colonna, le gardien du Stade de Reims. Sinon, le célèbre journal brésilien *O'Globo* m'avait classé 14e plus grand joueur du monde. Ça m'a touché que les Brésiliens pensent à m'honorer ainsi.

VOTRE RECORD DE 13 BUTS MARQUÉS N'EST PAS PRÈS D'ÊTRE BATTU ?

Je vais vous raconter une histoire. Récemment je suis venu à Paris pour recevoir la Légion d'honneur. Mes petits-enfants voulaient en profiter pour assister à un entraînement du PSG et j'ai donc été présenté par Laurent Blanc à l'effectif actuel avant un match au Parc des Princes. Quand j'ai dit à Ibrahimovic, Thiago Silva, Sirigu et aux autres que mes 13 buts en Coupe du monde, je les avais marqués en 6 matchs, ils ne m'ont plus regardé pareil ! En tout cas, ils ont gâté mes petits-enfants qui sont repartis avec des ballons, des gants et des maillots, c'était très sympa.

VOUS AVEZ MARQUÉ 4 BUTS AU COURS DU MATCH POUR LA 3E PLACE EN 1958 ? COMMENT AVEZ-VOUS FAIT ?

En Coupe du monde, on se rappelle du vainqueur, du finaliste, du troisième. Jamais du quatrième. Du coup, l'enjeu était tout trouvé. En plus les Allemands ont marqué au bout d'un quart d'heure par leur buteur, Rahn. Il fallait répliquer. Après comme c'était un peu l'attaque à tout-va, il ne restait plus toujours grand monde en défense.
J'en ai profité. ★

top buts

1 1986

21 JUIN 1986,
BRÉSIL- FRANCE, GUADALAJARA

Careca

C'EST BEAU ET SIMPLE, COMME LE BRÉSIL QUI SE MET À JOUER.

C'est impossible à imiter. C'est comme une danse qui ruine l'adversaire en quelques secondes. Sans bouger. C'est le ballon qui voyage. Pas les hommes. Derrière – à une quarantaine de mètres des buts de Bats –, Socrates s'était tout d'abord contenté de caresser le ballon. Puis : « Débrouillez-vous ! » Dans l'axe du jeu, légèrement sur la droite, Junior et Muller se sont donc amusés – presque au pas – à dérouler un double une-deux ! C'est terrible, ce genre de geste dans une défense. La porte s'ouvre brusquement et ça fait comme un grand courant d'air. Ensuite, tout va très vite, et c'est à la fois cruel et somptueux. D'un coup de patte, le ballon est transmis à Careca. Rien. À peine un contrôle. Careca enroule sa frappe qui envoie le ballon sur la gauche de Bats, dans la lucarne opposée. Nous savons bien ce qui fait de ce but un moment à la fois étrange et inoubliable : cette capacité de faire brutalement coïncider, dans le jeu, lenteur et vitesse. Quand le Brésil est fort et ressemble au Brésil, chaque joueur, quel que soit son poste, devient une sorte de meneur de jeu. C'est ainsi que le Brésil est seul capable de créer un déséquilibre que l'on n'attend plus. Le Brésil ne dort toujours que d'un œil.

2 1986

21 JUIN 1986,
BRÉSIL- FRANCE, GUADALAJARA

Luis Fernandez

C'EST LE BUT DE TOUTES LES LIBÉRATIONS.
C'est le but de toutes les libérations. De tous les soulagements pour l'équipe de France. Dans un instant, Luis Fernandez, comme désarticulé par la joie, se lovera longuement dans les bras de Michel Platini. C'est le but dont on rêve toute une vie. Un simple tir au but. Le dernier. Le coup de grâce, peut-être. Platini vient d'avoir 31 ans. Il en a oublié cette douleur qui le fait souffrir depuis le début de la Coupe du monde. Il a égalisé, juste avant la mi-temps. Là, il faut en finir. Luis, le malin, s'est débrouillé pour être le cinquième tireur. La légende, s'il trompe Carlos. La colère et la honte, s'il échoue.

C'est juste quatre ans après Séville. C'est le Brésil de Zico, Socrates et Careca qui va peut-être disparaître. Quand il s'approche, tête et regard baissés, vers le point de penalty, on dirait que Luis Fernandez rumine une farce. Une bonne blague avant d'en finir. Le gardien du Brésil se fait attendre, puis court vers ses buts en sautant par-dessus le ballon. Pas très malin. Signe de faiblesse. Luis est déjà parti. Et trouve le petit filet, sur la droite de Carlos. C'est fait. Là-bas, à le regarder courir avec ses mains qui s'agitent et le cœur qui bat si vite, Luis semble avoir retrouvé toute cette fièvre venue d'Espagne. Le soleil. La générosité. La folie de vaincre qui lui va si bien. Le spectacle du matador...

Marius Trésor

3 1977

30 JUIN 1977,
BRÉSIL- FRANCE, MARACANA

ÇA COMMENÇAIT À BIEN FAIRE.
Rivelino se frisait les moustaches à force de filer des ballons en profondeur. Le Brésil menait 2-0. D'abord, il y eut la magnifique cavalcade de Six. Si belle et surprenante, que le commentateur de la télévision brésilienne prit Six pour Lacombe ! Et puis ce jaillissement de Trésor. Le corner avait été parfaitement ajusté par Olivier Rouyer. C'est drôle, quand on revoit ce coup de tête de Marius, on ne peut s'empêcher de penser à cette folie qu'il fera cinq ans plus tard, contre l'Allemagne, à Séville. Presque au même endroit. Comme s'il était capable de jaillir dans votre dos, et que les défenses adverses n'y voient que du feu. Au Maracana, c'est simple et costaud, comme Trésor. C'est limpide. Il saute, place une tête qui file dans la lucarne opposée du gardien brésilien. Une tête d'une pureté extraordinaire. Trésor : « Jamais, je n'oublierai. » Cette fois, le Brésil est sur les fesses. Et le Maracana vient de baisser d'un ton.

★ Pierre-Louis Basse

LIZA DO BRAZIL

BIXENTE LIZARAZU AIME LE BRÉSIL. SA CULTURE, SA PASSION ET SES SPORTS. LE FOOTBALL ÉVIDEMMENT, MAIS AUSSI LE JIU-JITSU BRÉSILIEN, CET ART MARTIAL MODERNE, MÉLANGE DE JUDO ET DE LUTTE.

BIXENTE LIZARAZU :
J'ai toujours aimé les Brésiliens. Au fil de ma vie, je me suis rendu compte à quel point leur compagnie me plaisait. J'ai joué avec Zé Roberto, Lucio, Giovane Elber... Tous des crèmes. Ce sont des gens simples, qui aiment la vie, la fête, les autres. Ils sont généreux et ouverts... Enfin, ceux qui ne sont pas trop religieux. Disons qu'avec eux, c'est tout l'un ou tout l'autre : soit ils ont une vie monacale, soit ce sont de formidables compagnons de fête. J'ai eu la chance de vivre auprès de ces derniers... Aujourd'hui, je n'ai pas rompu ce lien avec ce pays. J'ai beaucoup d'amis brésiliens, grâce au jiu-jitsu. Et je me rends compte que ce sont vraiment des gens avec qui ça colle bien...

NATHALIE IANNETTA : LE BRÉSIL, C'EST UN PAYS, UNE CULTURE, MAIS C'EST AUSSI ET SURTOUT LE FOOTBALL...
Et une finale ! La finale de 1998. La finale parfaite. C'est drôle, mais, même seize ans plus tard, pour moi, la première chose qui me vient à l'esprit quand on évoque le Brésil, c'est le 12 juillet... Ce jour-là, j'ai eu la sensation de vivre un nombre incroyable de premières fois dans ma vie. Les sentiments qui m'ont animé et traversé sont toujours ancrés en moi. Je ressens encore la décontraction qui nous habitait. Cette alliance parfaite entre la concentration totale et absolue et le relâchement indispensable à ce genre de rendez-vous pour ne pas le rater.
Je revis le seul moment de peur de la rencontre : le moment où Marcel [Desailly] se fait exclure. Là, tu sais que tu viens de te compliquer un peu la vie.
Mais le souvenir qui ne m'a jamais quitté, c'est cet instant magique qui suit le troisième but d'Emmanuel Petit. À ce moment précis, je sais qu'on est champions du monde.
Il n'y a plus aucun doute, plus aucun suspense. Sauf que, cette fois, contrairement à d'autres matchs, on est encore sur le terrain. Et nous, les défenseurs, qui d'ordinaire devons rester concentrés jusqu'au bout, là, pour la première fois, on a le droit de savourer. De regarder le ciel, de balayer des yeux les tribunes qui chavirent de bonheur... Avant même le coup de sifflet final, on peut goûter à cette indescriptible saveur que procurent un titre et un triomphe. J'ai mis plusieurs jours à redescendre et à relâcher la pression, mais là, trois minutes avant la fin du match, j'ai réalisé. On l'avait fait...
Cette sensation est unique.
Et puis, l'autre image qui ne me quittera jamais, c'est celle de mon père. Quand nous sommes tous montés pour recevoir le trophée, j'ai croisé toute ma famille présente dans les tribunes. Et là, je suis tombé nez à nez avec ce colosse impassible qu'est mon père, ravagé de larmes et d'émotion... Ça n'arrive jamais

À PROPOS DE RONALDO

« LE MESSIE QUE LE FOOT MONDIAL ATTENDAIT. »

qu'il soit dans un tel état ! Eh bien, de le voir comme ça a renforcé ma fierté et m'a conforté dans l'idée qu'on était en train de vivre un moment magique.

DANS CETTE ÉQUIPE BATTUE, IL Y A UN JOUEUR QUI TE RESSEMBLE, C'EST ROBERTO CARLOS...
On se ressemble dans notre style, très offensif. Même s'il est un peu plus jeune que moi, je crois que nous incarnions bien tous les deux ce que doit être un arrière gauche moderne. Disons que, comme moi, il a compris qu'il fallait être non seulement une assurance tous risques derrière, mais aussi un véritable plus offensif... Notre gabarit, notre pointe de vitesse et notre amour du jeu rapide nous rapprochent en effet. D'une certaine manière, on s'est démarqués un peu des arrières gauches plus classiques, redoutables d'efficacité, mais plus à l'ancienne comme

pouvait l'être l'immense et inclassable Paolo Maldini. Manu Amoros avait été l'un des pionniers dans cette approche du poste. Mais Roberto Carlos a su définitivement incarner la révolution qu'exigeait le football moderne. Et puis, il avait un truc en plus, unique : cette frappe de balle hallucinante... La première fois qu'on la découvre en France, cette frappe, c'est en 1997... Je m'en souviens comme si c'était hier. Fabien [Barthez] monte son mur, me demande de me décaler un peu. Je suis donc à deux mètres du mur, mais face à Roberto Carlos qui s'apprête à tirer. Quand il arme sa frappe, et que je vois la balle partir, tout de suite, je me dis : « Ça sort. » Le temps que je me retourne, elle est dedans. Je revois le visage interloqué de Fabien. On n'a rien compris ! Son talent de frappe est inouï. Sa qualité de centre parfaite. En cela, il n'a pas usurpé le titre de meilleur arrière gauche du monde qu'il a longtemps porté !

ET SI JE TE DIS « RONALDO », À QUOI PENSES-TU ?

À la discussion qu'on a eue le dimanche matin, jour de la finale, avec Marcel [Desailly] Frank [Lebœuf] et Lilian [Thuram]. Pendant l'entraînement, comme toujours, on se parle, on met au point des stratégies, une tactique, un code de langage. Là, on sait qu'on a le meilleur joueur en face de nous. À l'époque, Ronaldo, c'est un monstre, un phénomène incomparable. Le Messie que le foot mondial attendait. Du coup, on scénarise le pire. On se dit qu'on va tous vivre un cauchemar. Que le pire est certain... C'était un peu un moyen d'exorciser notre appréhension, pour que la décontraction, nécessaire dans ces moments-là, l'emporte. Lorsque tu t'attends à vivre l'enfer, tu es prêt à tout encaisser, surtout si, comme ce soir-là, le pire n'a pas lieu. Je pense souvent à Ronaldo. À cette drôle de journée qu'il a dû vivre. Comment un joueur de sa dimension peut à ce point passer à côté de son match ? Et pas n'importe lequel... Une finale de Coupe du monde ! ★ **Nathalie Iannetta**

BELLONE

Get Lucky

IL DEVAIT SON SURNOM DE LUCKY LUKE À UN PIED GAUCHE D'OÙ JAILLISSAIENT FRAPPES SOUDAINES ET CENTRES PRÉCIS. UNE ARME IDÉALE POUR UN AILIER À L'ANCIENNE, QUI A CONTRIBUÉ À SES 73 BUTS INSCRITS DANS LE CHAMPIONNAT DE FRANCE – POUR LA PLUPART AVEC L'AS MONACO. LUCKY (CHANCEUX), IL NE LE SERA PAS TOUJOURS : UNE BLESSURE METTRA UN TERME PRÉMATURÉ À SA CARRIÈRE, ALORS QU'IL N'A QUE 28 ANS. IL CONNAÎTRA UN DIVORCE RUINEUX ET LA DISPARITION DE TOUTE SA FORTUNE DANS UNE OPÉRATION IMMOBILIÈRE MONTÉE PAR UN MAUVAIS CONSEILLER. DETTES, SAISIES, RMI, DÉPRIME, LE RETOUR SUR TERRE EST BRUTAL. EN AVRIL 1998, FRANCE INFO ANNONCE MÊME SON SUICIDE, DONT LA NOUVELLE SE RÉPAND COMME UNE TRAÎNÉE DE POUDRE AVANT D'ÊTRE DÉMENTIE PAR L'INTÉRESSÉ, FURIEUX.

Mais avant cela, le gamin de Cannes aura été béni par le football : champion de France à 20 ans, il a aussi été de toutes les aventures de la grande équipe de France des années 1980. Étrennant sa première sélection par un but contre l'Irlande en 1981, il participe aux épopées mondiales de 1982 (dont il ne dispute que le match de classement contre la Pologne) et 1986, et reste dans les mémoires comme le buteur du 2-0 en finale du championnat d'Europe 1984 – sa seconde et dernière réalisation sous le maillot bleu. S'il ne fait pas partie des principaux cadres d'une sélection qui n'a jamais brillé par la prolixité de ses attaquants, Bellone n'est pas non plus un « coiffeur ». Ses 34 sélections, dont les deux tiers accomplis en tant que titulaire, le prouvent… même s'il a plutôt eu un statut de remplaçant lors des phases finales.

« IL A AUSSI ÉTÉ DE TOUTES LES AVENTURES DE LA GRANDE ÉQUIPE DE FRANCE DANS LES ANNÉES 1980. »

Et c'est comme remplaçant qu'il va jouer un rôle prépondérant dans le mythe de Guadalajara. Jusqu'à présent, dans la compétition, Bellone n'est entré en jeu qu'à la 76e minute du match nul (1-1) contre l'URSS au Camp Nou. Cette fois, Henri Michel fait appel à lui après une dizaine de minutes dans la prolongation pour remplacer Rocheteau, exténué. Il avait été lancé par Michel Hidalgo, à peu près au même moment de la demi-finale contre le Portugal, deux ans plus tôt. Porte-bonheur, Bellone ? Dans une rencontre ralentie par la fatigue et la chaleur, mais encore très ouverte, il dispute quelques duels à Josimar, tente de trouver Stopyra ou Platini sur deux ou trois centres. Le synthé du faisceau international indique qu'il reste moins de cinq minutes à jouer avant la séance des tirs au but. Alemao vient de s'enfoncer dans l'axe droit pour délivrer une frappe brutale que Bats détourne derrière la ligne de ses cages. Le tireur est encore à terre, victime de crampes, quand ses coéquipiers exécutent le corner, obligeant le gardien français à écarter le ballon d'une claquette vers Ferreri, sur la droite, qui avise Platini dans l'axe. À cet instant, on ne peut pas parler de contre : presque tous les Bleus sont repliés et remontent péniblement. Mais le numéro 10, d'une passe sans contrôle de l'intérieur du pied, fait parler son génie. La balle file entre les deux défenseurs centraux et s'inscrit parfaitement dans la course de Bellone, resté à l'affût et parti à la limite du hors-jeu. Le Monégasque, avec plusieurs mètres d'avance, se présente en duel face à Carlos, qui se précipite hors de sa surface. Le crochet large de l'attaquant est parfait, éliminant son adversaire, et devrait lui laisser tout le loisir d'ajuster le but vide. Mais le portier se jette les deux bras en avant sur l'attaquant, lui faisant suffisamment perdre l'équilibre pour ralentir sa course et permettre au défenseur de revenir.

L'arbitre roumain Ioan Igna fait signe de jouer, insensible aux cris de Michel Platini qui vient le marquer à la culotte. Un frisson de scandale parcourt le stade tandis que, sur l'action qui se poursuit, Careca déboule à droite et adresse un centre tendu que Socrates manque de catapulter dans les filets. On pourrait réécrire l'histoire avec les règles d'aujourd'hui :

« l'anéantissement d'occasion de but », introduit quelques années plus tard, signifierait un carton rouge pour le gardien. Ainsi, leurs deux remplacements consommés, les Brésiliens auraient dû finir la rencontre et se présenter aux tirs au but avec un joueur de champ dans les cages. À l'époque, on pouvait seulement espérer que l'arbitre revienne à la faute et accorde un coup franc à l'entrée de la surface. C'est peut-être cela que Platini réclame alors, sûr de pouvoir exécuter la sentence avec un de ses exercices préférés. Faute de quoi, le crime est parfait. Le spectre de Séville, qui vient immédiatement dans la bouche des commentateurs Michel Drucker et Roger Piantoni, et la menace d'une nouvelle défaite injuste étendent leur ombre sur le stade Jalisco. D'autant que le temps restant s'écoule à toute vitesse, précipitant les deux équipes vers la loterie finale.
Henri Michel raconte : « Giresse et Rocheteau étant sortis, personne ne se précipite pour tirer les penalties. Je regarde Bellone et Stopyra. Vous êtes attaquants ? Alors vous allez tirer les penalties. » Le sélectionneur précise : « La seule chose que je veux, c'est que vous frappiez dans le ballon ; le reste, on s'en fout. » Stopyra, premier tireur français après l'échec initial de Socrates, suit la consigne et expédie une praline plein axe. Le tour de Bellone vient après celui d'Amoros et la réussite de Zico. Il s'avance, maillot sorti du short et chaussettes à demi baissées. « Je venais de rentrer, donc je n'étais pas prévu dans les cinq. Dans ma tête, je me suis dit, si je manque le penalty, je suis mort, je ne rentre plus en

5 KODAK 400TX
6 KODAK 400TX
7 KODAK 400TX
8 KODAK 400
6A
7
8A
400TX
KODAK 400
OPEL
6A
7
7A
8A
00TX
KODAK 400
5
5A
6
7A
8A

« APRÈS LA RENCONTRE TOUT LE MONDE ME FÉLICITAIT D'AVOIR EU LE CRAN DE TIRER. TU PARLES, JE ME SUIS "CAGUÉ" DESSUS (*RIRES*) ! »

France, ils vont me couper la tête. » En 1986, le souvenir est vif du penalty manqué quatre ans auparavant par Didier Six, auquel un public peu indulgent en avait plus voulu qu'à Maxime Bossis, victime de la même infortune lors de la séance de Séville.

En attendant, l'attaquant se retrouve de nouveau face à Carlos, qui a encore recours à quelque vice. « Le gardien vient vers moi et il me crache sur le ballon, l'air vraiment méchant. » La scène n'a pas été filmée par la réalisation, et peut-être le joueur l'a-t-il dramatisée dans son souvenir, mais on choisira d'imprimer la légende. « Quand j'ai posé le ballon, j'étais un peu mou. Et là, il m'a mis la haine. Je me suis dit, je vais te mettre un ballon, je vais tirer tellement fort que si j'attrape la tête, elle rentre dans le but. » Et en effet, le tir part très vite sur la gauche de Carlos… droit sur le poteau. Une fraction de seconde, on croit que la chance vient de tourner et de remettre les deux équipes à égalité. Avant que Carlos, parti du bon côté, n'ait l'invraisemblable malchance de renvoyer le tir dans ses propres filets après un rebond sur son dos. « C'était magique. Au cinéma, tu n'aurais pas pu faire mieux. Mais je ne la ramenais pas. » Car il y a un moment de flottement, durant lequel tout le monde s'interroge sur la validité du tir au but, les Brésiliens réclamant son annulation à l'arbitre. Ils ont tort : dès lors que le tireur n'a pas retouché le ballon, il doit être accordé. « J'aurais été triste toute ma vie si j'avais échoué », confiera-t-il à *L'Équipe* après la rencontre.

La justice immanente du football est rarement équitable, mais cette fois-ci, l'attaquant floué a été remboursé avant la fin de la même rencontre, aux frais du gardien *auriverde*. Cela ne suffira pas pour l'emporter, puisque Platini, tireur numéro 4, manque la lucarne, et qu'il faudra le raté de Julio César… sur le poteau pour laisser à Luis Fernandez le soin de donner la victoire aux Tricolores. Mais ce jour-là, Bruno Bellone aura été plus qu'un figurant, plus qu'un remplaçant, pour prendre sa part de la légende. Avec la chance de son côté. ★ **Jérôme Latta**

« DANS MA TÊTE JE ME SUIS DIT, SI JE MANQUE LE PENALTY, JE SUIS MORT, JE NE RENTRE PLUS EN FRANCE, ILS VONT ME COUPER LA TÊTE. »

Brigitte Bardot meets Pelé

1971

BB et Pelé réunis à Paris ce 30 mars 1971... Un juste retour des choses puisque, dix ans plus tôt, en 1961, le Brésil avait célébré la plus belle femme du monde avec la chanson à succès planétaire Brigitte Bardot. Le refrain de la version française interprétée par Dario Moreno (« Brigitte Bardot, Bardot/ Brigitte Bardot, bravo ! ») devait sûrement résonner encore dans les têtes des joueurs de l'OM et de Saint-Étienne, unis ce soir-là dans une même équipe. Pour ce match de charité au profit de la lutte contre le cancer, leur adversaire était tout bonnement le Santos FC du roi Pelé pour un passage unique en Europe. C'est le vieux stade de Colombes, bondé, qui accueillit les deux grandes stars du moment, la blonde incendiaire toujours au top et le plus grand footballeur de tous les temps. L'événement autant sportif que people provoqua un embouteillage monstre ainsi qu'une frénésie de reporters, photographes et caméras de télévision... Brigitte est superbe dans son ensemble sexy assorti aux couleurs nationales : maillot rouge, short moulant blanc et longs bas bleus... Avant de donner le coup d'envoi symbolique, elle salue, au milieu d'une cohue indescriptible, les 22 acteurs, claquant à Pelé une bise mitraillée par les flashes. BB assistera à toute la rencontre, mais couverte d'un manteau en cette soirée un peu frisquette. L'événement est tel que le match est retransmis en direct à la télévision. Il faut dire qu'avec Pelé et Clodoaldo, ses deux stars championnes du monde l'année passée au Mexique, Santos est auréolé d'un prestige inégalé. Le foot français lui oppose une « entente » mêlant joueurs de Marseille et de Saint-Étienne, soit les deux meilleures formations du moment. Par neutralité, ils arborent un maillot rouge et respectent une stricte parité, maintenue par les divers remplacements. Carnus (puis Pantelic) dans les buts, Lopez, Novi (puis Camerini), Bosquier et Farison. Un milieu costaud, Herbin et Gress (puis Bonnel), et une attaque de feu complètent cette entente : Magnusson (puis Beretta), H. Revelli, Keita, Skoblar. Malheureusement, les 50 000 spectateurs n'assisteront pas au récital tant espéré... Pelé, bien pris par Herbin, ne distillera que des bribes de son talent. Ce sont même les Stéphano-Marseillais qui se montreront les plus dangereux au terme d'un match qui s'achève sur un 0-0. On joue alors les prolongations, qui ne donnent rien là non plus. Le match est fini, croit-on, quand tous les joueurs quittent la pelouse en s'échangeant leurs maillots. Sauf que... il avait été prévu qu'en cas d'égalité, on tirerait les penalties pour pouvoir attribuer le trophée Télé 7 Jours aux vainqueurs ! On rappelle les joueurs qui vont s'exécuter alors face à un but cerné de badauds et de photographes... Maillot rouge sur les épaules, Pelé marque... Keita égalise... Lima échoue face à Pantelic puis Skoblar marque... Le Brésilien Peretti manque le cadre puis Bosquier réussit en force... Enfin, Abel rate... C'est fini : 3-1 pour la France ! Quelques semaines plus tard, la belle union OM-ASSE volera en éclats avec l'« affaire » Bosquier-Carnus, deux Verts en partance pour l'OM, chez « l'ennemi »... ★ **Chérif Ghemmour**

« La blonde incendiaire toujours au top et le plus grand footballeur de tous les temps. »

BRASIL

R

comme...

RIO (1)

RAÏ

ROUGES

RÉALISME

ROMANTISME

RIO (2)

RARETÉS

REMPLAÇANTS

RONALDO

ROBERTO

≈ RIO ≈

BRÉSIL-FRANCE 1930,

LA DERNIÈRE DU « TIGRE »

Par une certaine ironie de l'histoire, la première confrontation entre le Brésil et la France n'est pas inscrite sur les tablettes de la Fédération française de football, qui n'a pas reconnu, au contraire de la CBF (Confederação Brasileira de Futebol), ce match amical disputé le 1er août 1930 à Rio, au lendemain de la première Coupe du monde en Uruguay. Il ne mérite pourtant pas pareil oubli. Faisant escale à Rio avant leur retour au pays, les Tricolores y affrontent une équipe qui joue encore, à cette époque, en blanc et bleu. Et ils font très bonne figure, puisqu'un doublé d'Edmond Delfour leur permet de mener 2-0 après une vingtaine de minutes de jeu. Leurs hôtes reviendront toutefois à la marque avant la pause, avant de prendre un avantage définitif au retour des vestiaires pour l'emporter 3-2. La meilleure raison de se souvenir de ce match est la présence sur le terrain de l'auteur de l'égalisation, pour lequel ce fut, à 38 ans, la dernière sélection en équipe nationale : l'immense et assez injustement oublié Arthur Friedenreich, première véritable légende du football brésilien – avant même Leônidas. Ce métis, né à São Paulo d'une lavandière noire et d'un émigré allemand, a développé son exceptionnelle technique dans la rue avant d'écumer les clubs de sa ville en surmontant les préjugés raciaux. Il participe au premier match de l'équipe nationale en 1914, gagné 2-0 à Rio contre Exeter City, et sera, dans cette même ville, l'unique buteur de la finale de Copa America, que le Brésil emporte, en 1919, face à l'Uruguay, au bout des prolongations. Il y glane le surnom de « Tigre », mais n'a pas le droit d'échapper aux discriminations : pour l'édition suivante de la compétition, deux ans plus tard, l'Argentine organisatrice interdit la participation de joueurs non blancs. Le Brésil se plie à cette volonté et, sans son meilleur atout offensif, ne remporte qu'un seul de ses trois matchs.

Friedenreich avait déjà eu l'occasion de croiser les Bleus en 1925, lors de la tournée en Europe d'une sélection pauliste, inscrivant même un triplé contre eux. Avant la rencontre de 1930, il venait d'être injustement privé de la Coupe du monde en raison de conflits internes au sein de sa fédération, qui décida de n'y faire figurer que des joueurs du championnat de Rio. Le but qu'il inscrit au gardien français Alexis Thépot compte parmi les 1 329 que lui attribue la Fifa au cours des vingt-six ans de sa carrière, un record qui lui fait surpasser même le roi Pelé. Il serait temps que la FFF reconnaisse pleinement l'honneur qu'a eu l'équipe de France de jouer contre ce véritable mythe. ★ Jérôme Latta

FRIEDENREICH : 1 329 BUTS EN 26 ANS DE CARRIÈRE.

RAÏ

« Il est arrivé avec une grande notoriété après la Coupe du monde de 1982. Son style de travail reposait beaucoup sur la pratique, sur le détail. C'est un entraîneur que nous respections beaucoup, plus par le résultat que par l'entraînement. Il pensait à l'ensemble tout en prenant soin de chaque élément. Nous avons appris à l'admirer au fil du temps. Au début ce style très sévère faisait peur, jusqu'à ce que nous le comprenions. Et surtout, quand on a vu que le résultat était là avec une équipe désormais redressée et qui gagnait. Il a été très enrichissant pour moi de côtoyer Telê. »

« ET LÀ, IL FAUT RÉAGIR TOUT DE SUITE, TOUT DE SUITE ! »

AIMÉ JACQUET À PROPOS DE MARCEL DESAILLY

ROUGES BRÉSIL

Un France-Brésil peut être une fête interrompue. Parfois la fête était déjà finie, parfois l'interruption n'en a pas changé le cours, parfois elle en a modifié le destin. Trois joueurs ont été expulsés au cours d'un France-Brésil.

Numéro un, Didier Six. L'image est presque touchante. Les débats modernes moqueraient le geste de l'ailier gauche international, concluraient à la bêtise, mais le recul pousse à l'indulgence. Le 15 mai 1981, cinq jours après l'élection de François Mitterrand, le Brésil de Zico et de Socrates marche sur le ventre des Bleus au Parc des Princes (3-1). Didier Six a réduit le score, et dans le temps additionnel, alors qu'il est signalé hors jeu après un dernier effort, chaussettes baissées, il adresse un bras d'honneur au juge de touche. L'époque est compréhensive : carton jaune. Mais cela ne lui suffit pas, il proteste : rouge, bonsoir monsieur Six.

En finale de la Coupe du monde 1998, l'expulsion de Marcel Desailly a été classée au rayon pertes et profits. Les Bleus menaient déjà 2-0, à la 67e minute, lorsque le grand Marcel, déjà averti par l'arbitre marocain M. Belqola pour contestation (48e), s'en est allé découper Cafu avec un retard coupable. Rouge. En commentant le match sur Canal+, Aimé Jacquet dira : « Et là, il faut réagir tout de suite, tout de suite ! » Mais il attend sept longues minutes avant de réorganiser son équipe. Ce soir-là, de toutes les manières, rien de grave ne pouvait arriver aux Bleus. L'expulsion d'Hernanes à la 40e minute de l'amical France-Brésil (1-0) du 9 février 2011, au Stade de France, est moins célèbre, mais c'est probablement celle qui a eu le plus de conséquences sur un match. Mano Menezes, le sélectionneur brésilien de l'époque, lui avait d'ailleurs attribué, en toute simplicité, la responsabilité de la défaite brésilienne, venue d'un but de Benzema, le joueur qu'Hernanes avait agressé en levant le pied sur sa poitrine. Rouge direct. Et de trois. À qui le tour ?

★ Vincent Duluc

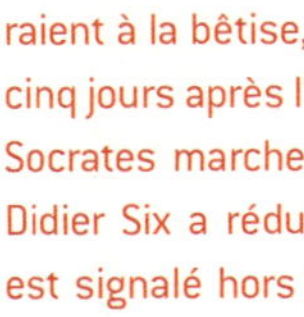

HERNANES

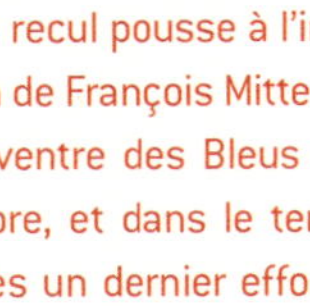

SIX

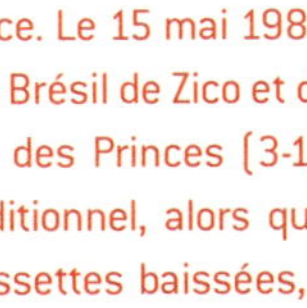

DESAILLY

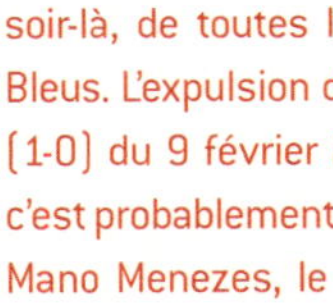

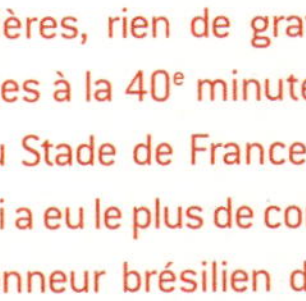

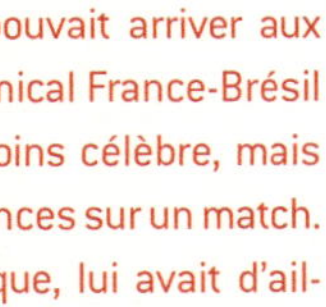

1986 vs 1998
LA FIN DU ROMANTISME

La Seleçao des années 1980, intimement associée à son entraîneur Telê Santana, sera éternellement admirée pour la beauté de son jeu et de ses joueurs. Mais, aussi brillante fût-elle, elle a toujours échoué au terme de cruels drames footballistiques. France-Brésil 1986, c'est le coup de grâce, mais l'estocade avait déjà été portée en 1982 lors du légendaire « désastre de Sarria » : dans le stade de l'Espanyol Barcelone, alors qu'un match nul suffisait à des *Auriverde* plus flamboyants que jamais pour accéder aux demi-finales du *Mundial*, ils avaient continué à attaquer après l'égalisation de Falcao à 2-2, laissant Paolo Rossi et des Italiens terriblement réalistes plonger le Brésil dans la désolation.
Supérieurs, les Jaune et Vert le sont aussi en 1986. Au Mexique, c'est surtout la chance qui leur tourne le dos avec les montants touchés, le penalty raté de Zico et les tirs au but. Au moins s'inclinent-ils face à une équipe aussi belle que la leur, et aussi romantique dans la façon qu'elle aura eu de capituler deux fois de suite en demi-finale contre des Allemands dénués de poésie. Quand les deux sélections se retrouvent pour la finale de 1998, elles se sont métamorphosées, en même temps que l'ensemble du football mondial.

LE TEMPS DES SOLISTES

La révolution est d'abord physique. Les joueurs sont devenus plus puissants, plus rapides et plus endurants, s'adaptant à un jeu pratiqué sur un rythme beaucoup plus soutenu. Le pressing est constant, les efforts de replacement sont devenus obligatoires, les joueurs doivent livrer des « duels » et les équipes faire « bloc ». De Guadalajara à Saint-Denis, le onze des titulaires français a gagné cinq centimètres en taille moyenne, de 1,76 à 1,81 m. Le temps est fini où les Bleus partaient vaincus sur le plan athlétique, regardaient les Allemands ou les Anglais d'en bas.
La mutation est également tactique, et la sélection brésilienne en donne une illustration particulièrement saisissante. La panne de titres mondiaux depuis 1970 l'a conduite à s'européaniser en s'imposant une nouvelle rigueur, progressivement acquise par des internationaux toujours plus nombreux à évoluer sur le Vieux Continent. Ce n'est déjà plus le Brésil de Socrates, mais celui de son capitaine Dunga, stratège teigneux, qui remporte la WorldCup 1994 en scellant la rupture avec un football idéaliste.

Si l'équipe de France perpétue alors sa tradition du numéro 10 génial, Aimé Jacquet tient en Didier Deschamps son propre Dunga, et il aligne en finale un trio de milieux défensifs devant la meilleure défense du monde. L'héritage des années 1980 et du carré magique n'a plus cours. Moins d'inspiration, plus de détermination : la force mentale et collective de cette sélection l'emmènera au titre suprême, dissipant le fantôme des glorieuses défaites en Coupe du monde.
Des deux côtés, le génie est désormais réservé à quelques solistes, Bebeto et Romario étant les précurseurs de Ronaldo, lui-même véritable matrice des phénomènes à venir. La concentration du talent chez quelques virtuoses, c'est aussi ce qui se produit chez les Bleus avec Zidane. Mais le 12 juillet, ce n'est pas vraiment sa virtuosité qui parle : en surgissant deux fois au premier poteau sur des corners, il exprime plutôt la puissance et la détermination des Tricolores. Son plus beau récital, il le donnera huit ans plus tard, à Francfort, contre son adversaire préféré, lors du quart de finale de la Coupe du monde 2006. Telê Santana ne verra pas le match : il meurt quelques semaines avant. Le romantisme de Guadalajara, lui, était enterré depuis longtemps. ★ **Jérôme Latta**

ZICO LA MAIN INVISIBLE

Zico. Sans doute le joueur le plus proche de Michel Platini. Un numéro 10 pur jus. Un tireur de coup franc dément. Comme Michel. Mais Zico était Brésilien. Plus de 700 buts au compteur. Zico inscrit 52 buts avec la sélection du Brésil, de 1976 à 1986 ! Zico avait, dans les deux pieds, tout ce que Ronaldo sera capable de prolonger avec sa puissance. Il pouvait partir de très loin. Le but était comme une odeur qu'il respirait, comme les plus grands chasseurs de surface. Pied gauche. Pied droit. Il n'en finissait plus de déposer des ballons dans les lucarnes. On aurait dit une main invisible. En 1981, il surclasse Liverpool, sous les couleurs du Flamengo en finale de la coupe Intercontinentale. Et quatre titres de champion du Brésil pour son Flamengo de cœur ! Certes, il partira pour l'Udinese (en 1984 et 1985), mais pour mieux revenir à Rio. Chose étrange, Artur Antunes Coimbra – dit Zico – fait partie de cette génération Brésilienne qui ne parviendra pas à remporter la coupe du monde. Zico, dont les origines sociales étaient modestes – il a poussé dans le quartier pauvre du Quintino –, n'a jamais oublié les siens. Ceux et celles qui demeurent à la porte des stades, et qui rêvent dans les bidonvilles. Il leur offrit une école de formation pour les plus jeunes. ★ **Pierre-Louis Basse**

ZICO
#
BRESIL
ARTHUR ANTUNES COIMBRA

10 moments rares

★ Jérôme Latta

LE 3 AOÛT 1930, le quotidien *L'Auto* donne pour résultat du match amical Brésil-France un 6-1 en faveur des Sud-Américains. L'histoire rétablira le score réel de 3-2.

LE 24 JUIN 1958, au matin de la demi-finale de la Coupe du monde, un avion affrété par Europe 1 et *L'Équipe* emmène à Stockholm les épouses et les familles des joueurs. C'est encore l'entente cordiale entre les médias et les Bleus.

LE 25 JUIN 1958, au lendemain de la défaite 5-2 contre le Brésil, Robert Jonquet, dont une radiographie vient de révéler la double fracture du péroné, s'adonne avec Jean Vincent à un de ses loisirs préférés : la pêche, dans la Baltique.

LE 1ER AVRIL 1978, Thierry Roland prend l'antenne en annonçant que Raymond Kopa est sorti de sa retraite et sera titulaire sur la pelouse du Parc des Princes. Le commentateur confirme le poisson d'avril après les hymnes, au cas où.

LE 2 AVRIL 1978, lors de l'émission « Sport Première », Georges de Caunes présente un jeune journaliste qui effectue sa première apparition à l'antenne pour commenter le résumé de la victoire française de la veille : veste pied-de-poule et cheveux plaqués, Didier Roustan fait bonne impression.

LE 15 MAI 1981, Didier Six sauve l'honneur pour les Bleus en réduisant le score à 3-1. Alors que le temps additionnel touche à son terme, Didier Six adresse un bras d'honneur au juge de ligne qui vient de le signaler hors jeu. L'arbitre Gianfranco Menegali lui inflige un carton jaune puis, après un échange verbal, brandit le rouge.

LE 3 JUIN 1997, le coup franc mythologique de Roberto Carlos éclipse l'égalisation française sur une action menée par Ibrahim Ba et Florian Maurice, conclue par Marc Keller. Trois joueurs qu'Aimé Jacquet ne retiendra pas dans le groupe de la Coupe du monde, un an plus tard.

LE 14 JUILLET 1998, recevant les Bleus champions du monde lors de la *garden party* de l'Élysée, Jacques Chirac s'adresse aux jeunes présents dans l'assistance : « Je leur offre le plus beau cadeau que l'on puisse faire : l'équipe de France ! *(ovation)* Et la Coupe de France ! *(rires)* »

LE 20 MAI 2004, à la mi-temps du match du centenaire de la Fifa, Jacques Santini offre une première sélection à Bernard Mendy. Absent de la liste pour l'Euro 2004, le latéral droit du PSG exécute à la 63e minute ce que la légende a retenu comme « le grand pont de Bernard Mendy sur Roberto Carlos »… La vérité oblige cependant à le requalifier en crochet extérieur suivi d'un débordement.

LE 1ER JUILLET 2006, si les Bleus dominent les *Auriverde*, le score est vierge au moment où Zidane exécute un coup franc sur le côté gauche, peu avant l'heure de jeu. Alors que la balle file vers le second poteau, Roberto Carlos reste inexplicablement planté sur la ligne des seize mètres cinquante, laissant Henry fusiller Dida de près. Les images montrent qu'il était occupé… à refaire son lacet. Il fallait bien cela pour que Zidane offre sa première et dernière passe décisive au meilleur buteur de l'histoire des Bleus.

3
2
11
RTL
le coq sportif

Jonquet irremplaçable

C'est un des plus grands mythes de la défaite dans le football français, un de ceux qui s'accompagnent d'éternels regrets et nous font réécrire une histoire que l'on aurait aimée moins dramatique… sans être sûr qu'elle aurait été plus belle. Si les poteaux carrés de Glasgow, dix-huit ans plus tard, n'allaient pas céder aux assauts des Verts, ce ne fut malheureusement pas le cas du péroné de ce 24 juin 1958, à Solna.

Alors que cette rencontre oppose des Brésiliens n'ayant pas encaissé le moindre but dans la compétition à des outsiders français dont le parcours incite aux plus grands espoirs, la rapide ouverture du score des premiers présage d'emblée un mauvais jour pour Jonquet : c'est lui qui l'amorce d'une mauvaise passe interceptée par Garrincha. Le défenseur ne mord pas dans la fameuse feinte du génial boiteux, mais son tacle n'empêche pas Vava, l'instant suivant, de se retrouver en position idéale face à Claude Abbes.

Après l'égalisation presque immédiate de Fontaine, la rencontre redevient indécise. À la 26e minute, sur une passe en retrait, le contrôle de la poitrine un peu long du défenseur de Reims l'oblige à tendre la jambe pour s'opposer à Vava. Si Jonquet ne se roule pas par terre comme les footballeurs modernes, sa douleur est immédiatement perceptible. De modernité, il n'est pas non plus question dans les frictions sommaires du soigneur et l'absence de civière : le blessé est porté par deux de ses coéquipiers de l'autre côté de la ligne de touche. On ne le sait pas encore, mais son péroné est fracturé en deux endroits.

À cette époque – et jusqu'en 1970 –, les remplacements ne sont pas autorisés en match officiel. Jonquet, faute de mieux, serre les dents et revient sur le terrain pour traîner sa souffrance sur l'aile gauche. Le capitaine des Bleus, international le plus expérimenté sur le terrain avec ses 51 sélections, est voué à faire de la figuration. On rage d'autant plus, rétrospectivement, qu'un simple protège-tibia aurait sans doute suffi à épargner le joueur.

Didi donne l'avantage aux siens peu après l'incident. Les soins prodigués à la pause ne changent rien à l'infortune de Jonquet ni au sort des Bleus, débordés par la *vista* brésilienne et le talent de Pelé. « Si je n'avais pas dû abandonner mes camarades de la défense, les choses se seraient passées autrement », déclarera-t-il dans *L'Équipe* du surlendemain. Il ne reste aux Français que des « si », et avec des « si », ils auraient peut-être battu le Brésil. Du moins, si Jonquet ne s'était pas blessé, ils auraient eu une chance de les battre. ★ **Jérôme Latta**

LE MYSTÈRE RONALDO

SAMEDI 11 JUILLET. VEILLÉE D'ARMES À LÉSIGNY.

Cela fait un mois que le Brésil a installé son camp de base dans cette discrète bourgade de Seine-et-Marne. Le château de Grande Romaine, d'ordinaire réservé à des séminaires d'entreprises ou à des mariages de la petite bourgeoisie de la grande couronne parisienne, a dû et su s'adapter rapidement à l'assaut médiatique provoqué par son hôte prestigieux et réussi, au fil des semaines, à gérer le flot incessant de curieux qui se pressent devant ses grilles.

Ce samedi 11 juillet, le temps est au beau fixe. La France entière ne touche plus terre depuis trois jours : pour la première fois de l'histoire, les Bleus vont jouer une finale de Coupe du monde. L'adversaire est redouté. Mais aussi admiré. Ce Brésil-là, c'est Cafu, Roberto Carlos, Dunga, Bebeto, Leonardo, Rivaldo… Et le monstre, le phénomène, Ronaldo… Tous affichent une incroyable décontraction. Les entraînements sont souriants, ouverts au public, Mario Zagallo, le sélectionneur, jouit d'une incroyable réputation. Ce Brésil a tout pour faire peur, mais, en réalité, il séduit.

Les journalistes qui suivent l'équipe depuis le début ont pris leurs habitudes à Lésigny. Les commerçants du coin avouent avoir gagné au loto lorsque la ville a été choisie par la fédération brésilienne. Tout ce petit monde semble savourer ce moment rare et profiter de la sérénité ambiante. L'envoyé spécial de Canal+ (qui pour la première fois couvre l'intégralité de la compétition) a ses repères auprès de la sélection. Ricardo, le chef de presse, est parfaitement francophone et entretient d'excellentes relations avec les médias français en général et celui de la chaîne cryptée en particulier. La veille de la rencontre, on aurait pu craindre une forme de crispation. Ou du moins un durcissement dans les informations distillées. L'enjeu d'une finale est tel qu'aucun des deux camps n'a intérêt à faire de cadeau. Il n'en est rien… Après le dernier entraînement festif, Leonardo aperçoit le représentant de Canal et, malgré le rendez-vous du lendemain, accepte comme toujours de venir se confier à son micro. Le discours est toujours le même : tout va bien, aucun blessé à déplorer, le groupe est heureux et l'objectif n'a pas changé, gagner. Une force extérieure semble habiter ces hommes habitués à jouer de gros matchs : demain, sur les coups de 22 h 45, ils seront sacrés champions du monde. Et la force de ce Brésil-là, c'est qu'à aucun moment on ne prend cela pour de l'arrogance. Juste pour de la confiance. Leonardo ne dissimule rien. Pas même la partie de tennis qu'il aurait jouée le matin même. Avec Ronaldo, justement…

Le soir se couche dans la douceur ce samedi soir, sur Lésigny. Demain, le monde entier aura les yeux rivés sur Paris…

« LE BRÉSIL VIT UN DRAME EN SECRET. »

DIMANCHE 12 JUILLET. STADE DE FRANCE.

Il semblerait que les heures soient plus longues depuis le lever du jour… Une effervescence particulière s'est emparée du pays. De Lille à Marseille, le même frisson parcourt l'échine de la France… Les Bleus sont enfermés dans leur bulle de Clairefontaine. Aimé Jacquet organise un entraînement allégé. Il sait que ses hommes n'ont besoin de rien d'autre que de patience et de concentration pour supporter la longueur de ce jour si particulier. À l'autre bout de l'Ile-de-France, le Brésil vit un drame en secret.

19 h 30. Le Stade de France devient le centre du monde. L'équipe de France a quitté les Yvelines escortée par une foule en délire. Durant cette longue traversée, elle a pu mesurer l'enthousiasme soulevé et le chemin parcouru. Les doutes et les critiques se sont envolés. Reste la ferveur et le rêve. Aimé Jacquet est sur le bord de la pelouse. Comme le stipule le règlement de la Fifa, les feuilles de match sont distribuées. Copies ramassées. Le car-régie de Canal, présent depuis des heures pour la retransmission du match, est déjà au travail : le défilé Yves Saint Laurent qui ouvre le spectacle est en effet diffusé en intégralité. Mais la concentration du direct n'empêche pas certaines curiosités : le délégué de la Fifa a déposé la fameuse feuille de match sur un coin de table, dans le car. Personne n'y a fait attention, quand la scripte qui accompagne le réalisateur s'en empare et jette un œil. Comme ça. Juste pour voir. Et là, elle se rend compte que, parmi le onze de départ, manque un nom. Un seul. Le seul. L'unique : Ronaldo. Elle s'empare de ce petit micro qui lui permet de communiquer en permanence avec le commentateur numéro 1 de l'époque, Thierry Gilardi.

– Thierry, tu as vu la feuille de match du Brésil ? – Non, pas encore, l'assistant-réal me la monte. Pourquoi ? – Ronaldo ne joue pas.
C'est un coup de tonnerre dans un ciel serein. Rien ni personne n'a, à aucun moment de la journée, eu la moindre information. Pas le début du début de la moindre petite rumeur. Rien. Comment est-ce possible qu'une heure avant le coup d'envoi d'une finale de Coupe du monde une telle information tombe sans qu'aucun signe avant-coureur n'ait alerté le moindre journaliste ? C'est un mystère. Thierry Gilardi est à l'antenne avec Charles Biétry. Il faut donner cette information capitale. Canal sera le seul média à annoncer l'absence de Ronaldo dans le onze de départ. La machine médiatique est alors prête à se mettre en marche quand une deuxième feuille de match est distribuée. La Fifa prétexte une erreur sur la première copie. Un problème informatique. Ronaldo est bien là. Mais, quarante-cinq minutes plus tard, sur la pelouse du Stade de France, c'est son ombre qui traversera cette finale.

LÉSIGNY, CHÂTEAU DE GRANDE ROMAINE. 15 H 30.

Le Grand Prix de Grande-Bretagne va s'élancer. Mika Häkkinen devance Michael Schumacher et Jacques Villeneuve. Le premier Brésilien, Pedro Diniz, a signé le 12e temps des qualifications.
Dans leur chambre, Ronaldo et Roberto Carlos profitent du spectacle pour se détendre, penser à autre chose qu'à la finale du soir. Pas vraiment de sieste, pas de grosse activité non plus. Il s'agit juste de gérer la concentration et le stress.
Ronaldo est alors pris d'une drôle de sensation. Comme un malaise qui l'envahit, mais semble également atteindre les muscles de son visage. Roberto Carlos le voit se déformer puis être victime de convulsions. L'intervention médicale est prompte et efficace. Diagnostic : crise d'épilepsie. On est loin des conditions de préparation optimales pour jouer une finale, mais Ronaldo retrouve rapidement ses esprits, va mieux et veut jouer. Voilà. Affaire classée. Et racontée par Ronaldo lui-même lorsqu'il revient fin juillet dans son club de Milan. Il comprend que les supporters brésiliens aient été déçus de sa prestation ce soir-là, leur demande pardon et refuse de prendre ce qu'il qualifie de « petit malaise » comme excuse. En clair : circulez, y'a rien à voir !
Peut-être. Sauf que le foot a une telle importance au Brésil que peu de gens vont se contenter de cette explication. Journalistes, supporters, tout le monde cherche, veut comprendre. Non seulement pourquoi Ronaldo a été si transparent ce soir-là, mais aussi par quel tour de passe-passe son nom est réapparu sur la feuille de match. L'histoire du bug informatique ne convainc personne. Si Ronaldo ne figurait pas sur cette feuille, c'est que Zagallo avait suffisamment de doutes, voire de craintes, sur l'état de santé de son crack pour envisager de devoir jouer sans lui. Les Brésiliens ont tout imaginé. Ronaldo est sorti la veille au soir et a eu un gros coup de fatigue. Ronaldo a fait une crise cardiaque. Ronaldo était mort et a dû être réanimé. Ronaldo était drogué et n'a joué que sous la pression des sponsors. On a tout lu et tout dit sur ce mystère Ronaldo du 12 juillet 1998. Mais il reste entier et le restera certainement à jamais... ★ **Nathalie Iannetta**

Tout sur Roberto

Dans le pays où les noms de scène sont des prénoms, la lecture des patronymes complets plonge dans la perplexité ceux qui recherchent la trace d'un grand joueur dans l'état civil. Il est à peu près de notoriété publique qu'Edson Arantes do Nascimento s'appelle Pelé. Mais il n'est guère aisé de deviner qu'Augusto Antonio Ribeiro Reis Junior a été célèbre en France sous le nom de Juninho.

Quand le surnom vient du prénom, l'affaire est moins opaque. Ronaldo Luis Nazario de Lima s'appelle Ronaldo, c'est tout de même plus simple : il suffit de se souvenir du début. Le problème, bien sûr, est de s'appeler Ronaldo de Assis Moreira quand on est un grand joueur et que Ronaldo est déjà célèbre : va pour le diminutif, va pour Ronaldinho.

De même, tout n'est pas si compliqué avec les Roberto. Même s'il y en a peu, finalement, dans l'histoire du Brésil. Roberto Dinamite, l'avant-centre des années 1980 devenu président de Vasco da Gama, Zé Roberto, le gaucher de la sélection, de Leverkusen et du Bayern, et Roberto Carlos, bien sûr, le plus célèbre Roberto du football mondial, le Roberto le plus influent dans l'histoire des France-Brésil.

C'est entendu, il n'était pas au duel avec Zidane sur les corners en finale de la Coupe du monde 1998, c'était plutôt Leonardo (Nascimento de Araujo, d'ailleurs). Mais Roberto Carlos restera l'homme qui a trompé Barthez en 1997 à Gerland d'un coup franc qui défie encore les lois de la balistique. Et l'homme, surtout, qui refaisait ses lacets plutôt que de suivre Thierry Henry, à Francfort, en 2006, en quarts de finale de la Coupe, alors que Zidane était au coup franc. Sa distraction coupable en fait le seul responsable de cet accroc dans la relation Zidane-Henry, dans l'incongruité de la seule passe décisive jamais donnée par le plus grand joueur de sa génération au meilleur buteur de l'histoire des Bleus. Ils avaient tout fait pour que cela n'arrive jamais, surtout l'un des deux, et c'est arrivé quand même. Merci encore, Roberto. ★ **Vincent Duluc**

« L'HOMME QUI REFAISAIT SES LACETS PLUTÔT QUE DE SUIVRE THIERRY HENRY. »

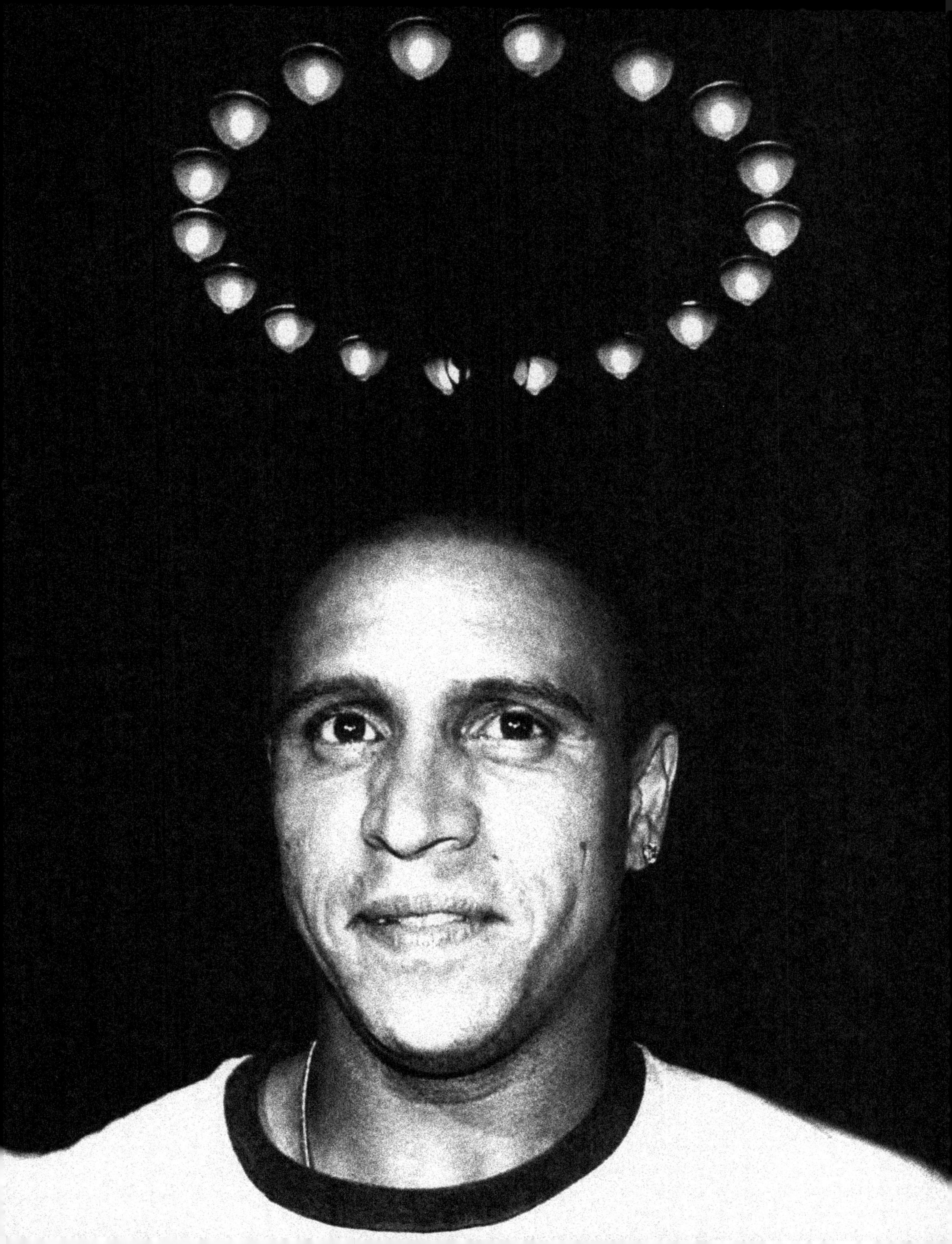

BRASIL

A

comme...

AURIVERDE

ANNIVERSAIRE (1)

AFFICHES

ALEGRIA DO POVO

AIMÉ

ANTENNES

ANNIVERSAIRE (2)

LYCÉE CLAUDE BERNARD

auriverde

le brésil vu de France

Il fut un temps en France où deux événements sportifs déchaînaient les passions et exacerbaient les fantasmes les plus fous : la venue chez nous des All Blacks (en rugby) et des *Auriverde* (en football). Du fait de l'éloignement géographique, entre autres, ces équipes de rêve ne passaient que très rarement sous nos latitudes. La Seleçao ne vint pour la première fois à Paris qu'en avril 1963 pour un one-man show de Pelé contre la France (3-2, triplé du roi). Il fallut attendre ensuite le 1er avril 1978, pour voir à nouveau les mythiques *Brazileiros* fouler l'herbe du Parc (1-0 pour la France, but de Platini). Quinze ans d'attente… Quinze ans à espérer revoir un jour les joueurs au maillot or et vert, frappé des trois étoiles. Les matchs amicaux et les Coupes du monde (1986, 1998, 2006) raccourciront ensuite les distances de ces rendez-vous franco-brésiliens toujours attendus. Les transferts de joueurs de là-bas dans l'Hexagone nous familiariseront également un peu plus avec le *futebol*. On crut que le Brésil cessa d'être pour le foot français cet Everest inaccessible au soir du 12 juillet 1998 (3-0). Que la magie *auriverde* n'agirait plus comme avant… Il n'en est rien ! Car c'est animés d'un sentiment quasi mystique à l'idée de rejoindre le Domaine des dieux que les Bleus de Deschamps se sont donné rendez-vous en juin 2014 au pays du football-roi pour une Coupe du monde brésilienne appelée à entrer dans la légende… ★ **Chérif Ghemmour**

ANNIVERSAIRE

LE MATCH DU CENTENAIRE

21 mai 2004

C'était la première vague de chaleur de l'année. Un bond spectaculaire des températures... Et pas que dans les travées du Stade de France.

Ce soir de mai 2004, le public est comme le fond de l'air : brûlant ! Jamais, pas même le soir du 12 juillet 1998, le Stade n'avait été aussi plein. 79 344 personnes ont fait le déplacement.

Il faut dire que ce n'est pas un match comme les autres. Ce soir, on fête un anniversaire. Un centenaire même : celui de la Fifa, née le 21 mai 1904. À l'époque, personne ne se doute encore que cette nouvelle fédération deviendra l'une des organisations les plus puissantes et les plus influentes. Cent ans plus tard, elle est devenue incontournable, véritable centre névralgique où les décisions qui se prennent pèsent sur la politique, l'économie et la société des États membres.

La France, en tant que pays cofondateur, se devait de prendre sa part aux festivités. Et parce que c'est à elle que l'on doit l'invention de la Coupe du monde, son adversaire du soir était tout trouvé : le champion en titre, le Brésil.

C'est en tenue d'époque que les deux équipes se présentent sur la pelouse. Un maillot bleu épais, un peu lourd à porter sous cette chaleur brusque et surprenante comme l'est toujours le premier coup de chaud de l'année. Pas de coq, mais deux anneaux floqués. En face, c'est un autre drapeau tricolore qui se déploie. Oui, le Brésil a retrouvé ses premières couleurs, et le clin d'œil est touchant : c'est en haut blanc, liseré rouge et bas bleus qu'ils honorent leurs glorieux aînés... La fête aurait pu être totale si le spectacle sur la pelouse avait été à la hauteur de l'affiche et des attentes de ce public grognon. Sauf que voilà, dans trois semaines, la France s'envole pour son Euro portugais. Pas question, dès lors, de voir Zidane ou Makelele ne serait-ce que se casser un ongle. Ce soir-là, Roberto Carlos a appris que Bernard Mendy savait faire des grands ponts et Jacques Santini qu'il avait un immense gardien en la personne de Grégory Coupet. Pour le reste, il faudra se contenter d'un 0-0. Du jamais-vu entre la France et le Brésil. Ça aussi, du coup, c'était historique ! ★ **Nathalie Iannetta**

« CE SOIR-LÀ, ROBERTO CARLOS A APPRIS QUE BERNARD MENDY SAVAIT FAIRE DES GRANDS PONTS. »

JAUNE COMME LE SOLEIL, BLEU COMME LE CIEL, UN FRANCE-BRÉSIL A TOUJOURS DES AIRS DE LÉGENDE ET D'ÉTERNITÉ.

L'AFFICHE

UN RÊVE DE TOUTES LES COULEURS

La première fois que la France a vu un match de football à la télévision, en 1958, elle a vu jouer les Brésiliens. Elle a vu l'équipe de France être battue par un enfant de 17 ans. On lui a montré, aux actualités, le président René Coty prenant son repas à l'Élysée devant son poste noir et blanc, servi par son valet de pied, auquel il avait offert une chaise comme un strapontin au paradis, le jour où Pelé a éliminé les Bleus de Suède, en demi-finale de la Coupe du monde 1958 (5-2).

Les photos en noir et blanc publiées dans les journaux montraient des sacs postaux remplis de cartes et de lettres d'encouragement à destination des héros de Suède, la veille de leur demi-finale, dans un avion affrété par *L'Équipe* et Europe 1 pour que les femmes des joueurs assistent au premier France-Brésil. La preuve est faite : l'invention des Wags* remonte aux derniers jours de la IVe République.

Mais la première image française des footballeurs brésiliens était une photo sur le quai de la gare à Strasbourg, où de jeunes gens cravatés et joyeux jonglaient au milieu des valises, à l'aube d'un match de la Coupe du monde 1938, où un radioreporter allait s'installer sur le toit du stade hurler un drôle de cri, *« Gooooal »,* chaque fois que les magiciens venus de l'autre côté de l'océan marquaient un but.

La magie de France-Brésil a d'abord été celle de Pelé. Titre de une de *L'Équipe*, un jour de 1963, le lendemain d'un France-Brésil à Colombes qui avait étalé le génie d'un ancien enfant de 17 ans : « Pelé : 3 – France : 2 ».

Mais c'est surtout celle de la Coupe du monde. Les grands joueurs français, les grandes générations ont toujours rencontré le Brésil dans la plus belle compétition mondiale. Kopa et Fontaine ont affronté Pelé et Garrincha en 1958 (2-5), Platini et Giresse ont éliminé Zico et Socrates en 1986 (1-1, 4-3 aux tirs au but), Zidane a assommé Ronaldo en 1998 (3-0), et il a recommencé, ensorceleur comme jamais, huit ans plus tard, à Francfort (1-0).

C'est face au Brésil que Zinedine Zidane a conquis son unique Ballon d'or, une récompense sur un match, un seul, qui avait recouvert d'oubli une Coupe du monde personnelle assez ordinaire, et c'est encore face au Brésil qu'il a laissé la meilleure trace de lui-même, en 2006, juste avant de partir sur un coup de tête qui l'a empêché d'être l'égal de Pelé, ou presque. L'image la plus forte, ce jour-là, à Francfort, n'est même pas la seule passe décisive de Zidane vers Henry en huit années de vie internationale commune. C'est l'entrée sur le terrain, vue sur le grand écran du stade, grâce à la caméra placée dans le couloir, ces embrassades et ces sourires, l'idée d'une fraternité, le sentiment qu'un France-Brésil n'était pas seulement une fête pour les supporters qui avaient égrené les heures depuis l'aube, mais que sa magie touchait également les acteurs soudain revenus à l'enfance.

24 JUIN 1958
CBD
FRANCE-BRESIL
RASUNDA DE SOLNA
FONTAINE / PELE / PIANTONI / DIDI
DEMI-FINALE
COUPE DU MONDE

BRÉSIL
FRANCE
RIO MARACANA
7-13-2014

« TU SERAS LA FRANCE, ON SERA LE BRÉSIL. »

La grande trace bleue de 1998 doit une partie de sa profondeur à cet adversaire rêvé entre tous. Gagner une Coupe du monde contre la Croatie aurait été un sacre moins absolu. Décrocher ce Graal face au Brésil était un aboutissement lié à nos rêves d'enfant et de matchs de cours de récréation des écoles primaires. On disait : « Tu seras la France, on sera le Brésil. » On promettait qu'on changerait à la mi-temps, mais on ne changeait jamais. C'était comme pour les gendarmes et les voleurs, les plus jeunes, les plus timides et les moins costauds de la cour étaient les Français et les gendarmes.

LE TEMPS QUI PASSE N'A RIEN EFFACÉ, MAIS TOUT ENTRETENU.

Le lien entre Français et Brésiliens tient à cette grande histoire commune, mais aussi à l'idée d'un esthétisme chargé de romantisme auquel il leur a fallu renoncer, parfois, pour gagner. On écrivait des Bleus des années 1980 qu'ils étaient les « Brésiliens de l'Europe », parce que leurs milieux de terrain étaient pareillement créateurs et que le jeune José Touré ressemblait à l'idée que l'on se faisait d'un magicien. En 1986, l'image de Jean Tigana, torse nu, tapant sur la table de kiné à Guadalajara pour lancer le célèbre « Brasil, Brasil, la-la-la-la-la-la-la-la », dans le vestiaire de Jalisco et dans le documentaire d'Adolphe Dhrey (*Dans le secret des Bleus*), témoignait de la victoire absolue d'une équipe qui aurait également capturé l'identité et la musique de son adversaire.

De manière étrange, la fascination française pour ces artistes s'accompagne de victoires bleues retentissantes : en Coupe du monde, la France est le cauchemar du Brésil, qu'il a battu ou éliminé en 1986, 1998 et 2006, soit trois fois lors des sept dernières éditions. Lors des quatre Coupes du monde où, dans l'intervalle, la France a laissé le Brésil tranquille, parce qu'elle ne s'était pas déplacée (1990, 1994), qu'elle n'avait pas envie de descendre du bus (2010) ou que Zidane était blessé (2002), les Brésiliens ont été champions la moitié du temps, en 1994 et en 2002. Ils ne doivent pas avoir très envie de retrouver cette étrange équipe de France, en finale ou ailleurs, l'été 2014, au Maracana.

Maracana. La magie des Brésiliens est inséparable du nom de leur stade originel et *carioca,* de la couleur de leur maillot, le jaune sur lequel se posent cinq étoiles décrochées sur trois continents (1958, 1962, 1970, 1994, 2002), du mythe de la terre lointaine quand le XXe siècle et l'avion n'avaient pas encore aboli les distances, du décalage horaire vécu de France comme une aventure devant la télé, au petit matin ou en pleine nuit, du métissage et de la pauvreté, de l'échauffement vu comme un ballet, sur un rythme de samba.

La modernité est probablement un peu plus lisse, parce que la plupart des Brésiliens jouent désormais sur le palier, en Europe, parce que les écoles du jeu se dissipent sous l'effet de la mondialisation et de la pensée unique, parce que le mythe d'un Brésil qui oublierait tout pour le football est ébréché par la réalité des mouvements sociaux et d'une population étranglée par l'augmentation du prix du ticket de bus.

En 2010, les Bleus n'avaient rien fait du symbole, une litote, de la première Coupe du monde de l'histoire en Afrique, qui était pour beaucoup le continent des origines. En 2014, ils vont visiter le pays du jeu et de l'enfance, et il serait peu supportable d'instruire à leur encontre un nouveau procès en indignité. L'erreur des joueurs français et de la plupart des autres consiste toujours à croire que l'équipe du moment et la compétition jouée leur appartiennent, qu'il ne s'agit que de leur histoire. Quand l'équipe de France part à l'aventure d'une Coupe du monde au Brésil, elle participe à une légende qui la dépasse et qui continuera de s'écrire, longtemps. ★ **Vincent Duluc**

***Acronyme anglais de Wives And Girlsfriends of high-profile footballers.**

GARRINCHA DRÔLE D'OISEAU

Il avait les jambes arquées, l'une beaucoup plus courte que l'autre et faisait toujours le même dribble, feintait le passage à l'intérieur et prenait l'extérieur d'un déhanchement diabolique dû à son infirmité même. Manoel Francisco dos Santos avait été surnommé « Garrincha » par sa grande sœur, du nom d'un petit oiseau sauvage et fragile. Ce fut l'un de ses nombreux surnoms. Le plus beau, sans doute, reste « Alegria do Povo », la joie du peuple. C'était bien avant que ne vienne la tristesse. Sur le terrain, Garrincha était un dribbleur magique, au cœur des sacres brésiliens en 1958 et 1962 ; au Chili, il avait réussi un doublé en quart de finale contre l'Angleterre (3-1), puis un autre en demi-finale face au Chili (4-2) et avait été élu meilleur joueur du tournoi. Il aurait été Ballon d'or, cette année-là, si, à l'époque, la récompense avait été ouverte aux non-Européens. Révélé par Flamengo, international dès 1955, Garrincha fut assez vite rattrapé par la vie et l'alcool. Né en 1933, il est mort avant d'avoir 50 ans. Sa famille était rongée par la consommation d'une médecine artisanale censée soigner tout, sauf le foie : de l'alcool, de la cachaça, le brûlait de l'intérieur, et jamais Garrincha ne s'éloignerait de cette source-là. Tant pis pour le génie : « Il ne se rendait pas compte qu'il était Garrincha, c'était un saint autant qu'un fou », dira Nilton Santos, son ancien coéquipier. Il est mort dans la misère, dans l'alcool et aux confins de la folie, interné une quinzaine de fois entre 1978 et sa mort, en 1983. Reste l'image d'un dribble comme une signature, et de la joie enfantine d'un oiseau. ★ **Vincent Duluc**

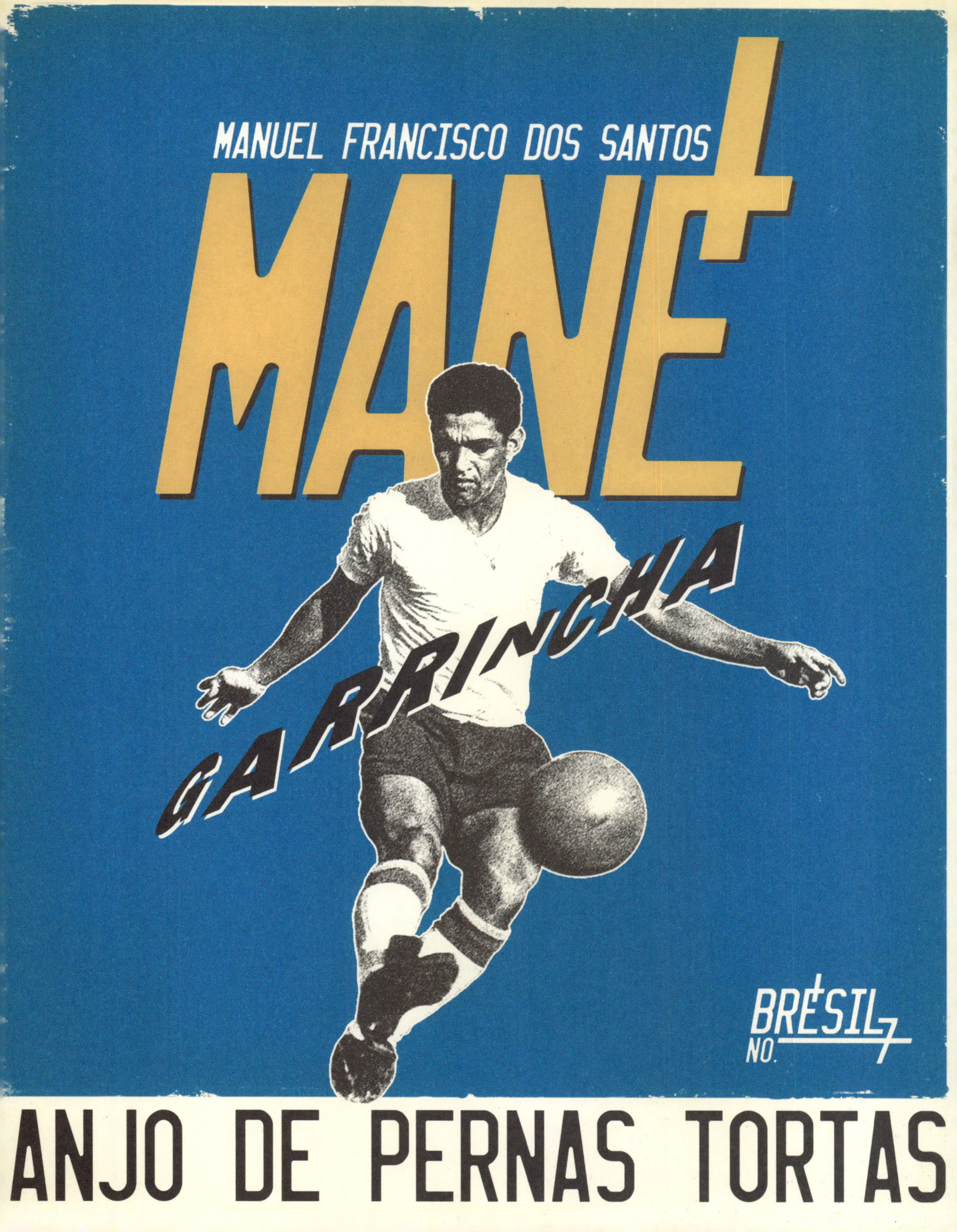
MANUEL FRANCISCO DOS SANTOS
MANÉ
GARRINCHA
BRÉSIL NO. 7
ANJO DE PERNAS TORTAS

« Ce moment devait être parfait et sublime. Il l'a été. »

MISSION DU JOUR : DEMANDER À AIMÉ JACQUET DE NOUS PARLER DU BRÉSIL. IL RÉPOND OUI. SANS HÉSITER. FORCÉMENT. AVEC CET ENTHOUSIASME ET CETTE FRAÎCHEUR QU'AUCUNE ANNÉE PASSÉE N'EST JAMAIS VENUE ALTÉRER...

AIMÉ, LE BRÉSIL, POUR VOUS, C'EST QUOI, C'EST QUI ?

Aimé Jacquet : Ah... Le Brésil, la samba, le foot dans les rues, dans les corps, dans les têtes et dans les cœurs... Pour moi, le synonyme parfait, c'est la fête. Et puis, c'est Pelé. Ce monstre flamboyant et magnifique...

EN 1998, LE BRÉSIL ÉTAIT SÛR DE SON FAIT. LES JOUEURS LE RÉPÉTAIENT DEPUIS LE DÉBUT DE LA COMPÉTITION : ILS ALLAIENT FORCÉMENT GAGNER LE TROPHÉE EN FRANCE. SEIZE ANS PLUS TARD, EST-CE QUE VOUS AVEZ COMPRIS POURQUOI ILS N'ONT MÊME PAS EXISTÉ FACE À L'ÉQUIPE DE FRANCE ?

Mais parce que c'était notre moment... Bien sûr, je sais qu'il y a toujours l'incertitude du sport, d'un match. Cette incertitude, elle ne m'a jamais quitté. Mais avec l'expérience, j'ai aussi appris que la réalité du moment dépasse toutes les autres. C'est pour ça qu'il faut tout faire pour être prêt ce jour-là. C'est ce qui m'a guidé chaque jour. Dès que j'ai commencé avec les Bleus, je n'ai pensé qu'à ça, qu'à ce jour-là. Comment faire pour être sûr d'être là et ne pas rater la dernière marche. C'est toujours ce qui nous avait manqué à nous, la France...
Souvenez-vous de la génération Platini. Qui peut dire qu'elle ne méritait pas d'être championne du monde ? Personne. Et pourtant, les portes se sont fermées brutalement deux fois. Pourquoi ? Parce qu'on n'avait peut-être pas assez rêvé de la finale. Ou, au contraire, parfois ce qui a nui au foot français, c'est de croire que c'était possible, mais d'y croire tellement qu'on avait juste oublié de bien gérer les rendez-vous qui t'emmènent au bout. C'est pour ça que le match où j'ai le plus tremblé, c'est la demi-finale. Rien que d'y repenser, j'en ai encore des frissons. Pourquoi ? Parce que, encore une fois, moi, depuis le début, je sais que si l'on va en finale chez nous, on gagne. C'est tout. C'est fait, c'est écrit, c'est comme ça. Sauf qu'il faut y aller, en finale.
Et je ne voulais pas être celui qui, une fois de plus, avait raté la marche...

MAIS, EN FAIT, C'EST PARCE QUE VOUS AVIEZ CETTE CERTITUDE DE GAGNER FACE AU BRÉSIL QUE LE DIMANCHE MATIN, PENDANT VOTRE CAUSERIE, VOUS NE PARLEZ MÊME PAS DE L'ADVERSAIRE. VOUS DITES SEULEMENT AUX JOUEURS : « C'EST VOTRE MATCH, VOUS L'AVEZ MÉRITÉ... »

Oui, c'était un rendez-vous historique, une évidence. Je savais qu'ils n'avaient besoin d'aucun mot de plus, l'affiche elle-même allait les sublimer. Cette finale, c'était la nôtre. On ne pouvait pas la manquer. Alors oui, en face, on avait les meilleurs joueurs du monde. Et alors ? C'était notre moment. C'est comme dans la vie, il y a des jours où c'est pour vous. C'est comme ça. Vous avez tout fait pour que ça arrive. Et d'un seul coup, tout est réuni, tout est évident, ça ne peut que marcher... Mes joueurs, ce 12 juillet, ils l'avaient dans la tête depuis quatre ans pour certains. Jouer face au Brésil, ça ne faisait que renforcer leur détermination et leur envie de gagner. À tel point que, le matin, quand je les ai vus s'entraîner, jouer ensemble, parler de Ronaldo et des autres, j'ai interrompu l'entraînement : je ne voulais pas qu'ils en fassent trop, trop tôt. Je voulais qu'ils gardent tout ça pour notre rendez-vous du soir. Toute la France était là. Pour elle, pour vous, comme pour nous, il ne fallait commettre aucune faute. Ils n'en ont commis aucune. Ce moment devait être parfait et sublime. Il l'a été.

À PROPOS DE LAURENT BLANC

« JE LUI MONTRE LA FEUILLE. ET JE LUI DIS JUSTE : RONALDO NE JOUE PAS. »

CE JOUR-LÀ, IL Y A LE MYSTÈRE RONALDO... QU'AVEZ-VOUS SU DE CETTE AFFAIRE, VOUS QUI ÉTIEZ DANS VOTRE BULLE ?

On n'en a rien su jusqu'à ce que l'on ait entre les mains la première feuille de match.
Je m'en souviens très bien, c'était une heure pile avant le coup d'envoi. J'étais seul avec Lolo [Laurent Blanc]. Comme il était suspendu, il ne m'a pas quitté de la journée. Et moi non plus, d'ailleurs. Je voulais qu'il vive cette finale avec moi, vu qu'on l'empêchait de la vivre avec ses coéquipiers. Je lui montre la feuille. Et je lui dis juste : « Ronaldo ne joue pas. » Et là, tout de suite, Lolo me dit : « Alors ça, coach, c'est du bluff... Un coup fourré. » Sauf que moi, je sais que non. Et, vous savez, pourquoi je ne crois pas à un tel coup bas ? Parce que le sélectionneur, c'est Zagallo. Je sais que cet homme que j'admire et que je respecte profondément ne ferait jamais un truc pareil. Les filous, les malins, je les connais. Lui n'est pas comme ça...

Alors, je demande à Laurent de garder cette info entre nous. Je me dis : soit c'est une erreur sur la feuille de match, soit il y a eu un gros problème et Ronaldo est vraiment absent. Auquel cas je n'en parlerai aux joueurs que cinq minutes avant qu'ils n'entrent sur la pelouse, quand ce sera sûr. Je ne voulais pas que ça les perturbe. Et je savais qu'une telle révélation, cinq minutes avant de quitter le vestiaire, c'est un bon choc qui te fait entrer dans le match direct. J'ai bien fait d'attendre... Quelques minutes plus tard, on a une autre feuille de match. Et Ronaldo est dessus. J'ai cru alors à l'erreur informatique pour la première feuille. C'est bien plus tard que j'ai appris qu'en réalité il avait effectivement fait un petit malaise et qu'il y a eu un moment de doute...

QUEL EST LE JOUEUR BRÉSILIEN QUI VOUS A LE PLUS FASCINÉ ?

Il y en a deux. D'abord Didi. Vous, les jeunes, vous ne savez peut-être pas qui il était vraiment, mais j'adorais ce joueur... Toute ma vie, j'ai cherché un milieu comme lui, capable d'illuminer le jeu, de rayonner. Ce que j'aimais chez Didi, c'est que c'était toujours le recours. C'est rare les joueurs comme ça. Ceux sur lesquels tu peux toujours compter, qui peuvent tout changer en une fraction de seconde, qui rassurent et qui emmènent tout le monde... *[Didi, de son vrai nom Valdir Pereira est en effet un des plus grands milieux de terrain que le football ait connus, champion du monde en 1958 et 1962, inventeur de cette fameuse trajectoire qu'on appelle aujourd'hui la « feuille morte ». Un génie du Brésil intouchable.]* Et puis, bien sûr, il y a Pelé. Je ne pense pas que le Brésil ait trouvé un autre joueur de cette dimension. Il avait tout. La technique, la puissance, le côté félin. Et juste ce qu'il faut de roublardise. Et puis, il était toujours sauvagement engagé. Même Ronaldo n'avait pas autant de qualités réunies. Ronaldo était incomparable sur la surface décisive. Il y était capable de tout, toujours. Mais Pelé, sa surface, c'était partout. Partout. Il est et restera unique...

★ Nathalie Iannetta

À PROPOS DE DIDI

« TOUTE MA VIE, J'AI CHERCHÉ UN MILIEU COMME LUI. »

ANTENNES : LES FRANCE-BRÉSIL ET LA TÉLÉVISION

EN PLEINE LUCARNE, COMME MARIUS TRÉSOR

Si la télévision est tout juste inventée lors de la première rencontre entre la France et le Brésil en 1930 – à peine photographiée –, pour la deuxième, en 1958, elle est déjà une institution. La demi-finale de la Coupe du monde suédoise aurait été suivie par huit millions de téléspectateurs en France, ce qui, pour un parc d'environ un million de téléviseurs, faisait du monde devant le poste. Quarante ans plus tard, pour la finale 1998, on peut en dire autant, mais si l'on se rassembla alors, ce fut moins par nécessité que par envie de vivre le moment ensemble. Avec près de vingt-quatre millions de téléspectateurs sur TF1 et Canal+, le record d'audience tient encore.

On en est resté loin dans la nuit du 30 juin 1977 lors de la diffusion de la rencontre au Maracana, pour laquelle Antenne 2 organise une soirée spéciale, avec l'émission « Le Grand Échiquier » de Jacques Chancel, afin de faire veiller les téléspectateurs. Ces derniers entendront Thierry Roland et Bernard Père commenter un match nul scellé par la tête de Marius Trésor en pleine lucarne. Ce duo officie encore moins d'un an plus tard, depuis le Parc des Princes, cette fois pour célébrer le premier succès des Bleus. TF1, avec Michel Denisot et Didier Roustan, prend le relais pour le rendez-vous suivant en 1981, au cours duquel le premier qualifie les Tricolores de « Brésiliens de l'Europe ». Pas de quoi entrer dans la légende des France-Brésil, ce que réussira Thierry Roland cinq ans plus tard, sur Antenne 2, en ponctuant le tir au but victorieux de Luis Fernandez :

« Allez, mon petit bonhomme… Ouaiiiis, ouais ouais ouais ouais ouais ! Oui, mon petit bonhomme ! » Cette envolée restera au même titre que les paroles qui salueront le titre de champion du monde en 1998 : « Je crois qu'après avoir vu ça, on peut mourir tranquille. Enfin, le plus tard possible, mais on peut. »

L'histoire télévisuelle des France-Brésil se lit aussi au travers des bouleversements techniques. Quatre caméras servent à la retransmission du match de 1958, elles sont une douzaine en 1986, vingt-deux en 1998, vingt-cinq en 2006. Les téléspectateurs de la demi-finale de Stockholm la suivirent en direct intégral, sans le moindre replay. Ceux du quart de finale 1986 virent vingt-quatre ralentis, ceux de 1998 soixante-cinq*… Du noir et blanc brumeux des origines à la haute définition numérique, la télévision a encore plus changé que le football. Reste à savoir si cette surenchère technologique permet vraiment de mieux voir le jeu. ★ **Jérôme Latta**

« ALLEZ, MON PETIT BONHOMME… OUAIIIIS, OUAIS OUAIS OUAIS OUAIS OUAIS ! OUI, MON PETIT BONHOMME ! »

« JE CROIS QU'APRÈS AVOIR VU ÇA, ON PEUT MOURIR TRANQUILLE. ENFIN, LE PLUS TARD POSSIBLE, MAIS ON PEUT. »

*** Tous ces chiffres sont issus des travaux de Bernard Poiseuil et Jacques Blociszewski.**

PLATINI LE CHEF D'ORCHESTRE

Michel Platini. Un truc de fou : à deux lettres près, ce type est un Panini ! C'est dire l'empreinte laissée par l'enfant de Jœuf. Parce que Platini contre le Brésil, en 1986, c'est le même, à peu de chose près, que nous retrouvons toutes ces années de qualification. Chef d'orchestre, bien sûr. Mais soliste aussi, et qui finit toujours par nous délivrer. En général, c'est au mois de novembre. Il pleut. On se les gèle. En face, les mecs finissent par ramasser ses feuilles mortes. Et hop, on file en Argentine (1978), en Espagne (1982) ou au Mexique (1986). Chaque fois, Platini nous délivre. Chaque fois. Bulgarie, Hollande, Yougoslavie. Même punition. Et comme le garçon a oublié d'être modeste aujourd'hui encore, il rappelle souvent que les journalistes lui doivent une fière chandelle pour avoir pu découvrir tant de pays. Sa seule erreur : les journalistes finissent toujours par faire le voyage. Équipe de France ou pas. Ils sont moins nombreux. C'est tout. Donc, le 21 juin 1986, même si le divin est sur une cheville, même si la France souffre le martyre contre les artistes du Brésil, nous attendons Platini. Et il arrive. Juste avant la mi-temps. Histoire de fêter correctement ses 31 ans. Centre de Rocheteau. Stopyra le pif dans le gazon. Et derrière ? Platini qui égalise et relance les Bleus. Voilà. C'est Platini. ★ **Pierre-Louis Basse**

Michel
PLATINI
10
F.F.F.
LE
ROI
10

CAFU
2

R.CARLOS
6

BRASIL

S

comme...

SELEÇAO

SAMBA

SANTANA

SIX

STADES

SOCRATES

SELEÇAO

BRASIL

dom. ext.

CONFÉDÉRATION BRÉSILIENNE DE FOOTBALL

Création : 7 avril 1914
Président : José Maria Marin
Siège : Rio de Janeiro
Clubs : 18 165 (en 2007)
Site internet : www.cbf.com.br
Couleurs : jaune et bleu
Surnom : Seleçao, Auriverdes
Stade principal : Maracana
Classement Fifa : 9e
Sélectionneur : Luiz Felipe Scolari
Plus sélectionné : Cafu (142)
Meilleur buteur : Pelé (77)
Premier match : 20 août 1914

COUPES DU MONDE

1930 : 1er tour
1934 : 1er tour
1938 : Demi-finale, 3e
1950 : 2e (pays organisateur - mini-championnat)
1954 : Quart de finale
1958 : **Vainqueur**
1962 : **Vainqueur**
1966 : 1er tour
1970 : **Vainqueur**
1974 : Demi-finale, 4e
1978 : Demi-finale, 3e
1982 : Quart de finale
1986 : Quart de finale
1990 : Huitième de finale
1994 : **Vainqueur**
1998 : Finale
2002 : **Vainqueur**
2006 : Quart de finale
2010 : Quart de finale
2014 : Qualifié d'office (pays organisateur)

PELÉ

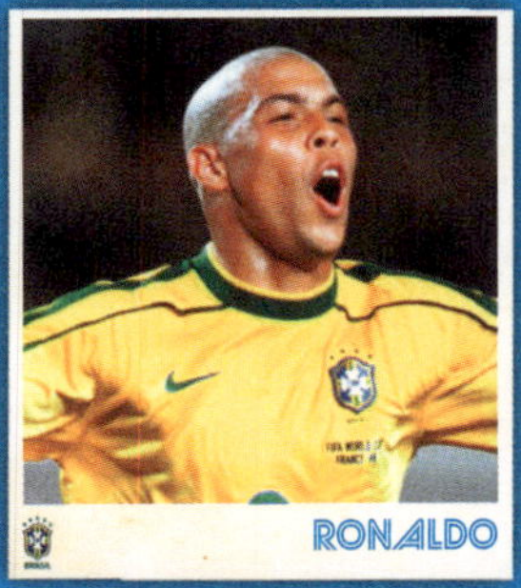
RONALDO

ZICO

SOCRATES

CAFU

1958

1963

1977

1978

1981

1986

1992

1997

1998

2001

2004

2006

2011

2013

FOOT SAMBA

En 1976, sur un air léger de carnaval carioca, le chanteur Marcel Amont rendait un hommage futé au foot samba : « Ah, ces Brésiliens/ Oh-la-la-la qu'ils jouent bien/ Ah, ces Brésiliens/ Ce sont de vrais magiciens/ Ce n'est pas possible, ils ont/ De la bossa-nova sous les crampons »... Car de Socrates à Ronaldhino, de Zico à Rivaldo, de Garrincha à Neymar, c'est la même ginga, ce balancement permanent du corps, qui fait ondoyer comme on danse, les footballeurs brazileiros. Mû par une petite musique intérieure, le footballeur brésilien a toujours dispensé des trouvailles pareilles à des pas de danse : flip-flap, elastico, coups du sombrero, doubles contacts, crochets inter-exter, roulettes, râteaux, gris-gris, etc. Hormis quelques artistes comme Zidane, Cruyff, Maradona ou Özil, les Brésiliens gardent aujourd'hui encore cette spécificité technique liée aux mouvements sensuels de leurs hanches et de leurs chevilles, là où les autres footballeurs ne jouent simplement qu'avec leurs pieds. Tout ramène cet étalage de virtuosité à l'héritage de la capoeira, de la samba et des ruses de malandro, ce personnage popu typiquement brésilien qui doit « dribbler » la vie pour s'en sortir... Au Brésil, le foot est musique, jusqu'aux légendaires commentateurs enflammés qui « scattent » les matchs : « Vava-Didi, Didi-Vava, Garrincha-Zagallo, Zagallo-Vava, Vava-Didi, Didi-Pelé, Pelé, Pelé... Gooooaaaal ! » Ne reste donc plus qu'à accorder sur le terrain tous ces solistes géniaux au sein d'un ballet qui offre le plus beau des spectacles : Brésil 1958, 1970, 1982, 1986, voire au Mondial 2010 (première mi-temps extra face aux Pays-Bas). Au son des percussives bandas, ces orchestres samba omniprésents, les Brazileiros entament alors leur sarabande. « Les supporters au Brésil "jouent le jeu", ils participent au match, rappelle Valdo. C'est la même chose quand la Seleçao joue à l'étranger, il y a toujours un petit orchestre de samba. C'est très important pour nous : on se sent vraiment chez nous. » Et c'est parti ! Comme l'exposait brillamment Yves Bigot dans son livre *Football* (Grasset, 1996), « la clé, c'est le rythme, le tempo, qui envoûte l'adversaire, l'hypnotise, le déborde, le submerge, l'annihile ». Même si l'on est encore loin du vrai foot samba d'antan, on a pu encore en déceler quelques éclats dorés chez cette Seleçao qui a remporté la Coupe des Confédérations en juin 2013. Après tout, le sélectionneur Felipe Scolari, considéré comme froidement défensif, avait fait gagner le Mondial 2002 à une Seleçao alignant les sambistes Rivaldo, Roberto Carlos, Denilson ou Ronaldinho... Alors pourquoi pas un Mondial 2014 sur un air de samba ? ★ **Chérif Ghemmour**

« FLIP-FLAP, ELASTICO, COUPS DU SOMBRERO. »

ESECRETE DO SAMBA

TELÊ SANTANA : futebol arte

Au tout début des années 1980, les radios jouaient souvent encore le tube Europa du guitariste Carlos Santana. Une prémonition subliminale invitant sur le Vieux Continent un autre Santana (Telê) à venir remporter le Mondial espagnol 1982 avec « sa » Seleçao ? Car qui pouvait douter de la victoire finale d'un Brésil sublimé par ce génial sélectionneur ?... Au Fluminense des années 1950, ce puriste du beau jeu avait joué attaquant, comme le furent d'autres entraîneurs de génie : Lobanovski, Michels, Cruyff, Hidalgo. Comme ce dernier, Santana inventa aussi un « carré magique ». En 1982, il aligna un 4-4-2 au milieu d'anthologie : Zico, Socrates, Falcao et Toninho Cerezo, soit quasiment quatre meneurs de jeu ! Les deux défenseurs latéraux Leandro et Junior montaient eux aussi. Tout pour l'offensive : un festival à une touche de balle ! Car « le football est un art, du pur plaisir et non du pousse-ballon », proclame Santana. Hélas ! Après un premier tour somptueux, l'Italie enverra cette Seleçao au panthéon des vaincus magnifiques, telles la Hongrie 1954 et la Hollande 1974. À cause de Paolo Rossi, auteur à Barcelone d'un triplé assassin (3-2), face à des Brazileiros pourtant qualifiés à 2-2, mais repartis à l'abordage pour l'emporter ! Comme si seule la victoire était belle et le nul sans saveur... L'histoire reprochera à Santana son style de jeu offensif suicidaire et à ses joueurs leur incapacité à « gérer » le résultat. Qu'importe ! Telê Santana fut longuement applaudi en vainqueur par toute la salle de presse lors de la conf' d'après Italie-Brésil. Il réitérera sa célèbre profession de foi : « Je préfère perdre en pratiquant un beau football que gagner en jouant mal. » Le gentleman asthmatique et gros fumeur prônait aussi le fair-play, bannissant au sein de la Seleçao tricheries et jeu dur... Malgré son échec espagnol, Telê fut rappelé en urgence en juin 1985 au chevet de la Seleçao alors qu'il coachait en Arabie Saoudite. Au Mexique, le Brésil de Santana II étincelait encore, mais l'équipe avait vieilli et la star Zico était blessée. Le 21 juin, à Guadalajara, en quart de finale, Santana et Henri Michel laissèrent à leurs joueurs une liberté d'expression que l'on ne retrouva quasiment plus par la suite. Plaisir et passion : le ballon qui va d'un camp à l'autre ! Mais le Brésil perdit à nouveau (1-1, 4 tirs au but à 3)... La chance de Telê était passée. Ce fut la fin du *futebol arte* : le talent et le génie ne suffisaient pas pour triompher. Or, au pays, « le Brésil se doit de gagner » : « O Brasil hà de ganhar », comme le proclame un refrain traditionnel là-bas ! Sur 54 matchs joués à la tête de la Seleçao, Telê remporta 37 victoires pour seulement 5 défaites... Il devint dans les années 1990 un coach à succès en raflant, avec le São Paulo FC des championnats nationaux, deux Coupes Libertadores (1992 et 1993) et deux Coupes intercontinentales contre le Barça de Cruyff (1992) et le Milan de Capello (1993). Une Seleçao plus « réaliste » constellée de joueurs de « son » São Paulo FC remporta même le Mondial US 1994. Telê Santana da Silva n'était donc pas un loser...

À sa mort en 2006, à 74 ans, ce furent les souvenirs lumineux de 1982 et 1986 qui le firent plébisciter plus grand coach du football brésilien par tout un peuple là-dessus unanime. ★ **Chérif Ghemmour**

« LE FOOTBALL
EST UN ART,
DU PUR PLAISIR
ET NON
DU POUSSE-BALLON. »

Didier Six
Le feu follet

« COUP DU SOMBRERO DE L'ARTISTE, PUIS UNE MINE SOUS LA BARRE TRANSVERSALE. »

Il faut aimer Didier Six. Il faut lui glisser à l'oreille quelques hommages bien sentis. Ses partenaires les plus célèbres étaient si pingres à son égard. C'est émouvant de savoir que le gamin de Valenciennes débute en équipe de France le 27 mars 1976, contre la Tchécoslovaquie, avec… Michel Platini et le grand Max Bossis ! Sur le terrain, Six est un faux laid. Sur son aile gauche, ou dans l'axe, tout à fait capable de prendre un ballon et d'en faire de l'or en barre. On a vu ce que cela pouvait donner contre le Brésil, au Maracana, en 1977. Coup du sombrero de l'artiste, puis une mine sous la barre transversale. Le gardien de but Leao s'en souvient encore. Didier Six, quand il cavale – langue bien pendue et piochant l'air –, a des allures de Zatopek qui aurait eu des cheveux. N'empêche qu'il en a marqué des buts importants ! Comme ce coup de pied à l'arrache, qui envoie une bonne fois pour toutes la bande à Hidalgo en Espagne. Victoire 2-0 contre la Hollande. Service aux petits oignons de Rocheteau. Trente ans que la langue de bois daube sur le Ch'ti, à propos de ce face-à-face perdu avec le gentil « Boucher de Séville », ce bon Schumacher… Que je sache, le merveilleux Bossis a lui aussi manqué son tir au but. Allez savoir pour quelle obscure raison on s'en prend toujours au feu follet du Nord. Avec le temps et la notoriété, je finis même par me demander si Jean-Michel Larqué ne s'est pas persuadé que Didier l'avait entendu sur le terrain crier : « En retrait pour Gigi, en retrait pour Gigi… » Oui, il faut aimer Didier Six et le lui dire. Sa vie est un roman. Ainsi, nous l'avons vu, le pionnier, enfiler les pays comme on se fabrique un collier de voyage : Belgique, Allemagne, Angleterre, Turquie ! Toujours prêt à filer un coup de main. Le premier à faire de la place aux étrangers. Vous en connaissez beaucoup qui auraient accepté de se faire appeler Dündar Siz, histoire de pouvoir disputer le championnat turc, tout en se faisant naturaliser ? Je vais vous dire ce que j'en pense : Six, c'est le bon copain qu'on a finalement invité en bout de table au mariage, par crainte de s'ennuyer. À l'arrivée, si le mariage est réussi, on sait bien lequel des convives il faut remercier. ★ Pierre-Louis Basse

Un bijou, onze écrins

ONZE STADES ONT ACCUEILLI UN FRANCE-BRÉSIL, DE MARACANA AU STADE DE FRANCE, DE STOCKHOLM À PORTO ALEGRE. LA MYTHOLOGIE LIÉE À L'AFFICHE VIENT DU LIEU, AUSSI.

Le Maracana représente le stade absolu, le football, le Brésil. En plus de cent dix ans d'existence, l'équipe de France n'y a joué qu'une fois. Pourtant, le 30 juin 1977, obtenant un match nul amical demeuré mythique (2-2), parce que Trésor avait marqué, parce que Didier Six avait inscrit un but comme les magiciens de l'endroit savaient le faire, et parce qu'Antenne 2, en France, avait organisé une nuit brésilienne qui nous avait empêchés de dormir.

Le Maracana, ses sièges ciel et blanc de la couleur des vainqueurs uruguayens de la Coupe du monde 1950, résultat d'un pari regretté, quelques mois après l'inauguration, alors que le Brésil n'avait pas encore eu le temps d'en peindre le béton. Le Maracana, ses 250 000 places debout, jadis, qui seront ramenées à 96 000 pour la Coupe du monde 2014. Les archives françaises n'en portent pas trace, mais un autre France-Brésil s'est joué à Rio, en 1930, au retour de la Coupe du monde en Uruguay, à une époque où le Maracana n'existait pas. En France, c'est un match fantôme. La Fédération française a toujours refusé d'attribuer une sélection aux joueurs qui l'avaient disputé, alors que les Brésiliens considèrent officiellement qu'il s'agit du dernier but et de la dernière sélection du mythique Friedenreich, le premier à avoir inscrit plus de mille buts dans sa carrière.

La France, pour tout dire, a un doute sur le score véritable, voire sur la longueur du match. Officiellement, le Brésil a gagné 3-2, mais d'autres sources faisaient état d'un score de 6 à 1. Seule certitude : le match a eu lieu au stade Chaves, connu, plus tard, sous le nom de stade Laranjeiras, l'antre du club de Fluminense.

Poursuivons la visite. Au Brésil, il n'y a plus qu'à passer par Porto Alegre, où les Bleus de Deschamps ont pris la fessée (0-3), le 9 juin 2013. Mais c'était le stade du Grêmio : à la Coupe du monde, l'équipe de France jouera au stade de l'Internacional, l'autre club de la ville.

Les stades de France-Brésil, pour l'histoire, demeurent avant tout les stades de la Coupe du monde. Le Rasunda Stadion de Solna, dans la banlieue de Stockholm, pour accueillir la demi-finale de 1958, où la Suède a joué 75 % de ses matchs de 1930 à 2002 et où le Parisien Edinson Cavani a été le dernier buteur, avec Naples, dans un match de Ligue Europa. Le Rasunda a été détruit, remplacé par des appartements et des bureaux. À un kilomètre de là se dresse la Friends Arena, la nouvelle enceinte du football suédois.

Impossible d'oublier le stade Jalisco, calle Collinas, à Guadalajara, où le tir au but de Luis Fernandez a emmené la génération Platini en demi-finale de la Coupe du monde 1986. Il est chargé de cette histoire et de beaucoup d'autres : huit matchs du tournoi de football des JO de 1968 et quatorze rencontres de Coupe du monde, en 1970 et en 1986, y ont pris place.

Les lieux de France-Brésil en Coupe du monde sont associés à des heures magiques dans la mémoire collective française. Une certaine idée du bonheur et de l'apothéose, le rêve d'une vie, lors de la finale du Stade de France, en 1998, événement assez historique pour faire croire, depuis, contre l'évidence, que cette enceinte-là pouvait être un stade de football. Le récital absolu de Zinedine Zidane à Francfort en quarts de finale de la Coupe du monde 2006, dans un stade qui ressemblait à une piscine pour un célèbre RFA-Pologne de la Coupe du monde 1974, dont il avait accueilli la cérémonie d'ouverture.

Le stade de Suwon, qui avait accueilli le France-Brésil de la Coupe des Confédérations en 2001, a été un peu plus oublié, parce qu'il était difficile d'accoler cette épreuve floue, jouée par une équipe inhabituelle, à un lieu particulier dans un pays que le football international fréquente peu. D'autres écrins de rencontres amicales ont laissé des souvenirs infiniment plus forts. Le stade de Colombes un jour de 1963 où *L'Équipe* avait titré : « Pelé 3 – France 2 ». Le Parc des Princes pour un récital de Socrates, en 1981, et pour la réplique de son frère, Raï, qui n'avait pas encore signé au PSG quand il s'était imposé en août 1992 à la tête du Brésil (2-0).

Sinon, bien sûr, Gerland et son air porteur pour le coup franc fantastique de Roberto Carlos, en 1997 (1-1). Et le Stade de France où, en une finale de Coupe du monde et deux matchs amicaux, les Bleus n'ont jamais perdu. Mais on avait dit qu'on ne parlait que des stades de foot, non ?

★ Vincent Duluc

SO

CRATES

DOCTOR ES FUTEBOL

Un nom ? Celui d'un philosophe grec, Socrate, qui préféra boire la ciguë et mourir plutôt que trahir ses principes éthiques… Un geste ? À chaque but qu'il marquait, son poing levé de victoire et de défi révolutionnaire assené à la dictature militaire… Un objet ? Le bandeau autour du cou où il inscrivit : « Le peuple a besoin de justice », au moment où cette dictature était sur le point de tomber enfin… Des idoles ? Che Guevara et John Lennon, « les deux seules personnes dont je pourrais avoir un poster chez moi »… Une profession ? Médecin pédiatre pratiquant, après sa carrière de footballeur… Une passion ? Le *futebol* qu'il pratiqua en grand numéro 10 de légende au sein des Corinthians et de la stellaire Seleçao 1982 et 1986… Un surnom ? « O Magrao », « le Maigre », en rapport à son grand corps d'échassier au maintien aristocratique… Une sale habitude ? Les clopes et l'alcool, vices mortels contractés du temps où il étudiait la médecine… Un slogan ? « Gagner ou perdre, mais en démocratie », soit la profession de foi des Corinthians à la pointe du combat politico-sportif pour la liberté au Brésil… Signe particulier ? La barbe des barbudos cubains et guérilleros sud-américains… Une invention ? La démocratie corinthienne : le système participatif des Corinthians, où absolument toutes les décisions étaient prises à la majorité (joueurs, staff, employés du club compris)… Un rendez-vous français ? La première fois, le 15 mai 1981 : dans un Parc des Princes émerveillé, la Seleçao envoûta les Bleus 3-1 déployant un football d'une autre planète co-orchestré avec son acolyte Zico… Un regret éternel ? Le Mondial 1982 perdu face à l'Italie (2-3) : un nul suffisait pour passer, mais ce Brésil était trop attaché à ne pas trahir ses principes « socratiques » offensifs, cette obstination d'attaquer toujours, même à 2-2… Situation familiale ? Marié, père de famille et frère aîné de Raï, autre artiste qui, lui, remportera la Coupe du monde 1994 aux États-Unis… Une tristesse infinie ? Sa mort prématurée à 57 ans, le 4 décembre 2011, des suites de ses excès tabagiques et alcooliques… Un hommage émouvant ? Le salut debout et poing levé à l'icône disparue de tous les spectateurs dans tous les stades du Brésil. ★ **Chérif Ghemmour**

10

BRASIL

II comme...

IDOLES

INOUBLIABLE

INTOUCHABLE

INCROYABLE

ICÔNES

IDYLLIQUE

KÖPA

LE TEMPS N'EXISTE PAS

La lumière est la même. Kopa, qui efface un adversaire avant de décaler Just Fontaine, c'est Platini ou Zidane, trouvant les meilleures trajectoires. La pureté du geste. Stockholm, 24 juin 1958 : à la 9e minute de la demi-finale de Coupe du monde, face au Brésil, Just Fontaine accélère côté gauche, enrhume Gilmar et égalise pour les Bleus. Merci Raymond ! Nos pères nous transmettront ce qu'ils ressentaient, jeunes adultes, devant les premières retransmissions télévisées. La classe de Kopa. Ce type blond comme les blés et qui avait grandi en poussant des chariots, au fond de la mine. Blessé, amputé d'un doigt, le jeune Kopaszewski choisit ainsi de jouer avec ses pieds. Pologne, Italie, Algérie… Les fils d'immigrés savent nous régaler sur le terrain. Kopaszewski le mineur deviendra Kopa, l'enchanteur de Reims et Madrid. Trois Coupes des champions au compteur. À Santiago Bernabéu, il s'éclatait bien avec Puskas et Di Stefano. Merci Kopa. Merci d'avoir quitté la nuit de la mine pour emprunter le soleil et la gloire des stades. Kopa, le premier sans doute en France à ouvrir le chemin vers nos plus grands meneurs de jeu. ★ Pierre-Louis Basse

IDOLES

KÖP VENSK

GARRINCHA
« L'HOMME VOLANT »

Garrincha est un petit oiseau tropical qui se pose quand lui seul le désire. Insaisissable ! C'est ainsi que Rosa, la sœur admirative de Manoel Francisco dos Santos, baptisa son frère, footballeur de génie. Ombre et lumière. La lumière déposée sur un corps déformé par une maladie congénitale. Une jambe droite tournée vers l'extérieur, plus haute de six centimètres de la gauche, sérieusement arquée. L'oiseau, posé sur l'aile droite de l'attaque de Botafogo et de la Seleçao, en fit un chemin de croix pour les attaquants du monde entier. Le même dribble. La même feinte démente. « Le Chaplin du foot » inscrivit ainsi 232 buts, pour 581 matchs disputés sous les couleurs de Botafogo. Dommage pour Fluminense et Vasco da Gama qui refusèrent de faire signer le jeune homme. En 1958, Garrincha, puni par le sélectionneur brésilien, débuta la Coupe du monde sur le banc. Au cours d'un match de préparation, face à la Fiorentina, l'oiseau avait fait des siennes : dribblant quatre défenseurs, plus le gardien de but, il avait préféré donner une nouvelle chance à celui-ci plutôt que d'envoyer le ballon dans les cages vides. Quand Mané, dit « Garrincha », fit son apparition contre l'Union soviétique, pour la première fois en Coupe du monde, ce fut, selon l'envoyé spécial de *L'Équipe*, « les trois meilleures minutes de football jamais jouées ». Mais Garrincha était aussi génial sur son aile droite, qu'il fut accro, dans les bars, à la caïpirinha. Sa part d'ombre. Fou d'alcool et de sexe, il eut treize enfants de cinq femmes différentes. Lourd à porter pour un corps si fragile. « Moi, je ne vis pas la vie, c'est la vie qui me vit », chantait l'oiseau qui changeait souvent de nid. Garrincha meurt le 20 janvier 1983. Il n'a pas 50 ans, et c'est une veillée mortuaire pour les plus grands qui se déroule au Maracana. ★ Pierre-Louis Basse

RONALDO
EL FÉNOMÉNO

On peut dire que la France a noué une relation particulière avec ce joueur : vers 20 heures, le 12 juillet 1998, Ronaldo n'était pas sur la feuille de match de la finale de Coupe du monde. Une absence insensée, révélatrice aussi de la fin de vie footballistique de celui qui demeure, peut-être, le plus grand attaquant de tous les temps. Pour résumer El Fénoméno du début des années 1990, il faut avoir en mémoire cette réflexion de l'ancien stratège de l'Inter Milan, Sandro Mazzola, à propos de Ronaldo : « Le jeu du Brésil, la vitesse du football européen ! » Bien vu. Tout va si vite aujourd'hui – compétitions, rythme des matchs, préparation physique – que l'on jette dans les poubelles de l'histoire ce qui n'en finit plus d'étinceler dans nos souvenirs. Pas seulement parce que ce type n'avait pas 20 ans quand il accumulait déjà une centaine de buts au compteur. Pas uniquement parce qu'il prit deux Ballons d'or. Et pas forcément parce qu'il fut au sommet de ses cavalcades, en 2002, à l'occasion du nouveau titre mondial du Brésil. Non, c'est autre chose. Cette puissance de train, chevillée à une aisance de ballerine. Ronaldo – et personne d'autre avant lui – a banalisé, dans le mouvement, la vitesse et les défenses, l'art du passement de jambe et toutes sortes de toupies. Ils ont l'air fin, désormais, ceux qui le moquent en l'appelant « le Gros ». Son corps, ses tendons si fragiles ne le suivaient plus. La crise d'épilepsie dans le secret d'une chambre d'hôtel, puis la pression infâme d'un équipementier pour qu'il ne renonce pas à cette finale de Coupe ne sont rien au regard de ce que fut Ronaldo : un phénomène pas encore égalé.

★ Pierre-Louis Basse

SOCRATES
De la suite dans les idées

On peut dire que l'ancien milieu de terrain du Brésil, comme le copain de Platon, est mort avec ses idées. Brasileiro Sampaio de Souza Viera de Oliveira, dit « Socrates », était, en effet, beaucoup plus qu'un simple footballeur. Il distribuait les ballons comme on donne aux plus pauvres. Ses remontées de balle se voyaient de loin : celui que son père avait appelé Socrates, par amour de la philosophie grecque, n'hésitait pas à porter un bandeau en hommage à la démocratie. Chapeau bas, lorsqu'on sait qu'à l'époque de ses exploits les militaires étaient au pouvoir. Docteur en médecine, Socrates – frère de Raï, l'ancien joueur du Paris Saint-Germain – fut de cette flamboyante équipe brésilienne, privée de trophée. Elle échoue en 1982, contre l'Italie, sacrée championne du monde. Socrates aimait le vin (beaucoup), la bière, les femmes et la politique. Mais comme tous les esthètes, il refusait de se salir les mains. C'est ainsi qu'il déclina une offre de ministre venue du côté de Lula, l'ancien président. Il avait suffisamment œuvré pour ses contemporains, au sein même des Corinthians de São Paulo (1978-1984). Rêvant d'un socialisme pur et dur, Socrates était presque parvenu à instaurer une sorte d'autogestion dans la vie du club. « Nous voulions dépasser notre condition de simple joueur-travailleur pour participer pleinement à la planification et à la stratégie d'ensemble du club. » Socrates, dans le texte ! Qui dit mieux par les temps qui courent ? ★ Pierre-Louis Basse

FERNANDEZ BOX TO BOX

Luis Fernandez s'approche du ballon, ce 21 juin 1986. Et c'est comme le point final à l'un des plus beaux matchs du monde. France-Brésil à Guadalajara, « c'est un ballon qui ne sort pratiquement jamais des limites du terrain », dira Pelé. Luis est le cinquième tireur d'une série de tirs au but épouvantable pour le Brésil de Zico. Il est celui qui va envoyer l'équipe de France en demi-finale de Coupe du monde. Celui que Michel Platini rappellera en 1992 afin d'aider les Bleus à s'en sortir pendant l'Euro de Suède, contre le Danemark. Luis Fernandez, né à Tarifa, en Espagne, adolescent à Vénissieux, dans le quartier des Minguettes, dans la banlieue lyonnaise, ressemble comme deux gouttes d'eau à ce football qu'il a su développer : rage, générosité, courage, ruse. Enfant du flux migratoire, il connaît mieux que quiconque, la stigmatisation et l'humiliation des premiers temps. Parfois, le coup de poing sera nécessaire. Au cours d'une carrière qui l'aura mené d'abord comme stagiaire étranger en 1978, du Paris Saint-Germain au Matra Racing puis à Cannes, Luis Fernandez fut un essuie-glace de génie. Non seulement nettoyeur, mais parfait relanceur, et souvent même finisseur. C'est lui qui égalise en 1986 contre l'URSS, au premier tour de la Coupe du monde au Mexique, avant de donner la victoire à l'équipe de France contre le Brésil, en quarts de finale. Lui encore, qui ne s'est pas contenté de ses fameuses sucettes sur le banc parisien. Il remporte en effet la Coupe des coupes avec le PSG version Denisot, en 1995, face à l'Austria de Vienne ! ★ **Pierre-Louis Basse**

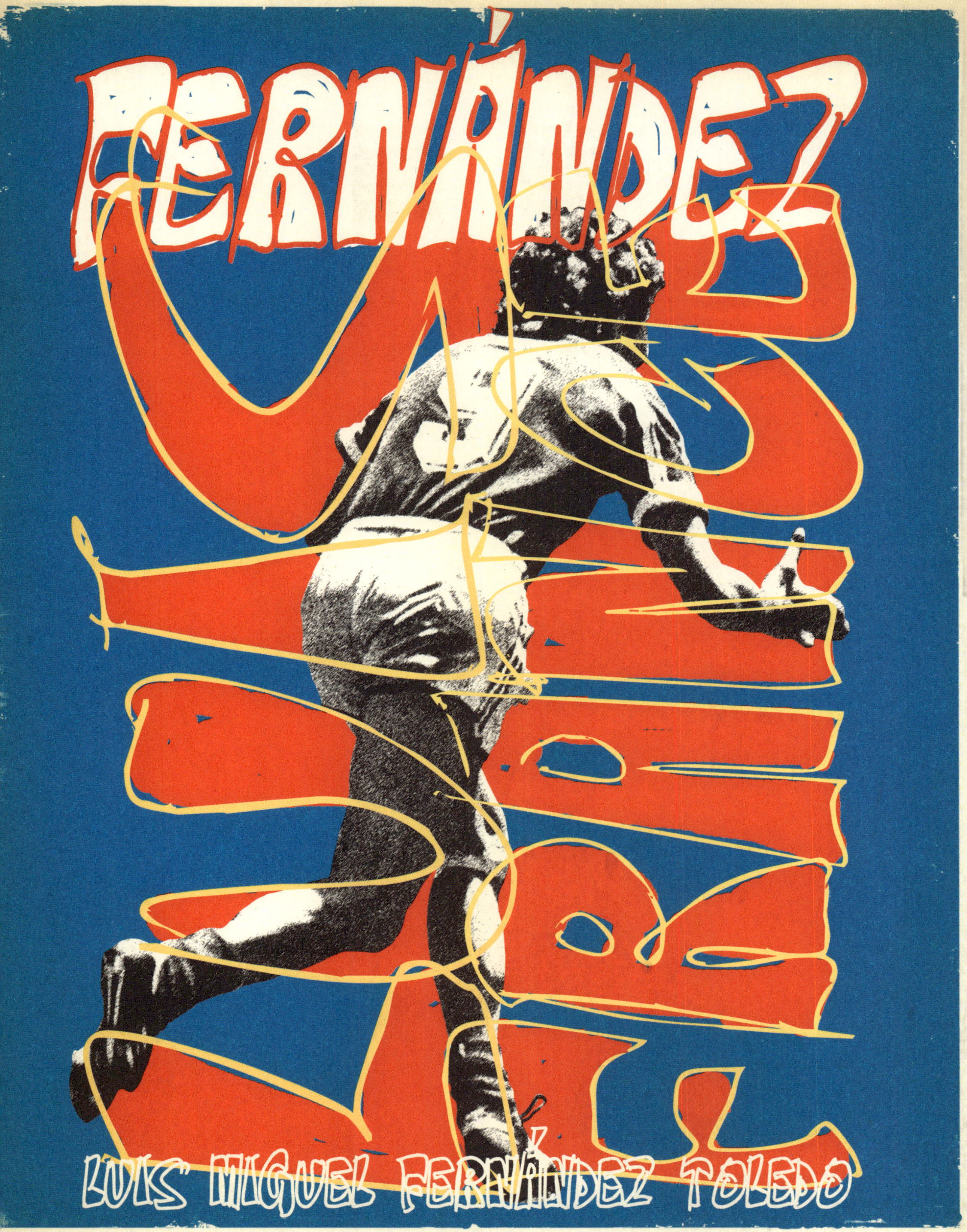
FERNÁNDEZ
LUIS MIGUEL FERNÁNDEZ TOLEDO

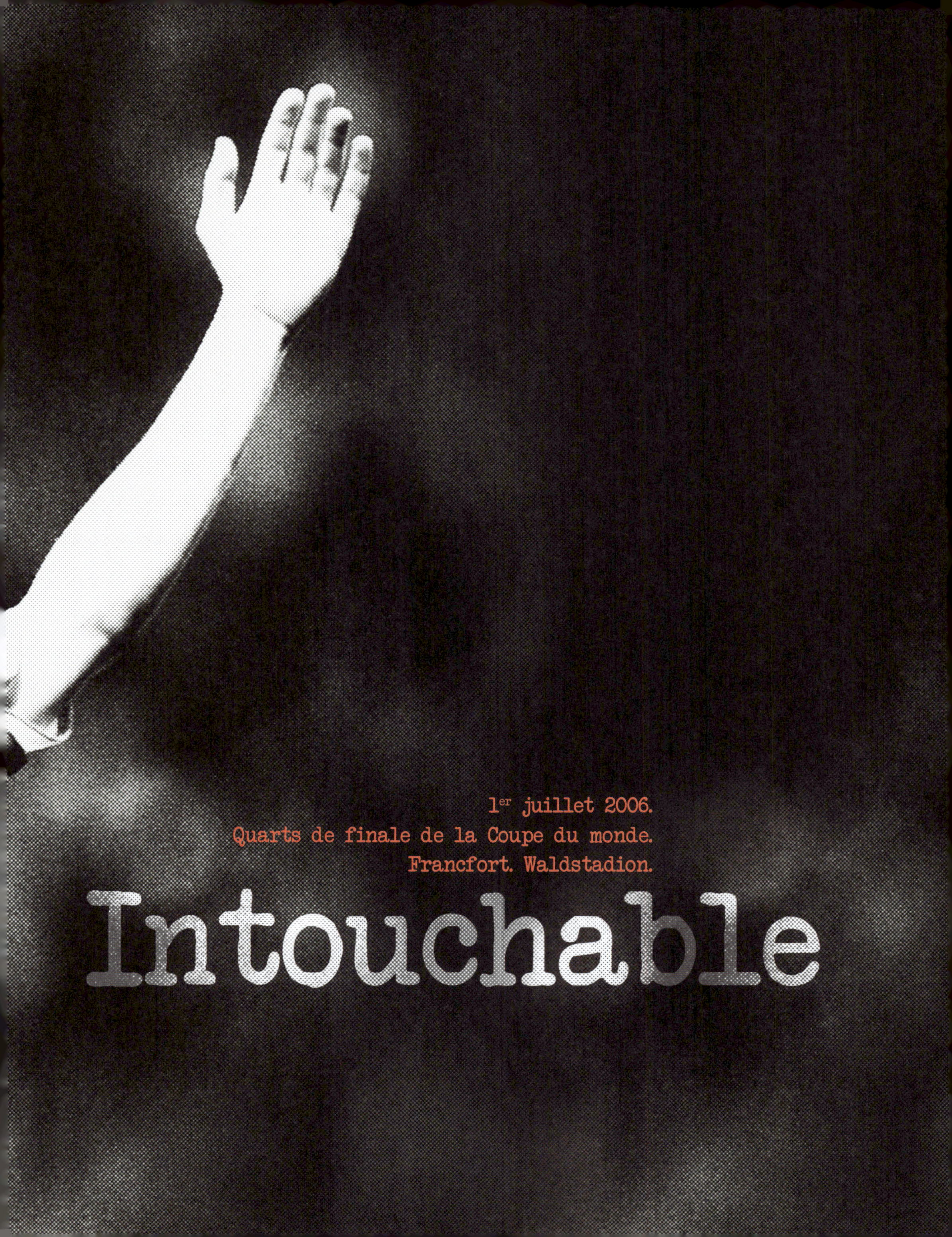

1er juillet 2006.
Quarts de finale de la Coupe du monde.
Francfort. Waldstadion.

Intouchable

Tu souris.
De ce sourire si particulier qui n'appartient qu'à toi.
Je ne connais personne d'autre capable de mêler autant de malice et d'humilité dans un même regard et une même expression.
Il n'y a que toi pour sourire ainsi. Surtout quand on te demande : « Ce France-Brésil, Zinedine, c'était vraiment le match de votre vie ? » Tu souris donc. Et tu réponds : « Ben, j'ai fait quelques petits gestes, oui. C'était bien... »

Quelques petits gestes ?
C'était bien ? La notion de génie a été trop souvent utilisée pour ne plus nous paraître usurpée. Suspecte. On a tous vite fait d'être ou de qualifier quelqu'un de génie. Et des moments « géniaux », à nous entendre, on en vit à la pelle. Sauf que si les mots et tes gestes du 1er juillet 2006 là ont un sens, alors oui, tu t'es transformé en génie. Définition ? Personnage surnaturel. Aptitude particulière, talent d'une personne à créer des choses extraordinaires ou nouvelles...

Tu as été tout ça, ce soir-là...
Et sûrement un peu plus...
Avec ce supplément d'âme qui (comme ton sourire) n'appartient qu'à toi. Sais-tu seulement où tu as puisé cette aisance, cette fluidité, cette légèreté ? As-tu réalisé qu'à chaque minute de cette rencontre, les millions de regards qui allaient accompagner et suivre ton corps en perpétuel mouvement seraient émerveillés, éblouis ? T'es-tu demandé pourquoi chaque contrôle, chaque décision, chaque respiration étaient à ce point parfaits ?

Roberto Carlos, Kaka, Cafu, Lucio... Ils ont tous perdu la tête et perdu pied quand toi, tu t'es mis à danser devant eux.
Tu n'as eu aucune pitié. Aucune retenue. Presque aucune pudeur à afficher et à développer ainsi ton talent. La gamme et la partition interprétées n'ont pas souffert de la moindre fausse note. Parfaite orchestration d'un chef-d'œuvre inédit.
Tu les as tous étouffés, humiliés, estomaqués. Même ton ami, ton frère, ton héros : Ronaldo... On t'a vu lui donner l'accolade avant la rencontre. Là encore, ton sourire malin et enjôleur éclairait ton visage lorsqu'il s'est approché de toi...
Seuls vous savez quels mots ont été échangés à cet instant. Et il a duré. Longtemps. Suffisamment pour qu'on mesure la complicité et l'estime qui vous lient.
Savait-il, à ce moment-là, que le dépositaire du jeu, du beau jeu, de la magie technique et tactique ce soir-là plus que tout autre soir, ce serait toi ?
Il n'a pas fallu attendre longtemps, en tout cas, pour que lui et tous les autres *Auriverde* s'en aperçoivent. Dès le début, tu as mis les choses au point : ballon au pied, le patron ce 1er juillet, sous la chaleur accablante d'un été très allemand, c'était bien toi !

Dois-je faire la liste ?
Crochets, passements de jambes, petits et grands ponts. Accélérations, passes parfaites. Décisives même. Une fois. La première fois, pour Thierry Henry. Vision du jeu. Aisance, classe, décontraction et sens de l'humour.

Mais qui es-tu pour jouer ainsi ?
Qui es-tu pour incarner à ce point la grâce, l'élégance ?

Tu n'étais presque plus joueur ou artiste. Non, ce soir-là, devant nous, tu révélais au monde entier les vérités et les tables de la loi du football moderne. Prophète et Dieu à la fois... Les enfants se sont couchés tard ce soir-là. Une heure et demie durant, tu leur as raconté l'histoire du ballon rond.

Les adultes aussi ont mis du temps à trouver le sommeil. Pas seulement parce qu'il nous fallait fêter la victoire et l'ouverture des portes des demi, non... Mais parce qu'on a toujours du mal à s'endormir après un choc émotionnel.
Il faut encaisser.

Réaliser.
Comprendre.
Accepter...

Oui, ce soir-là, le monde entier a décrété que magicien tu étais. Tous l'ont dit. Mais une seule voix a compté : celle de Pelé. Après ce match, les amoureux du ballon rond ont prié pour que tu n'arrêtes pas ta carrière. Pour que tu reviennes et annules tout.
Pour que tu nous restes encore un peu. Pas seulement nous, supporters français. Non. Tous. Chacun y est allé de son qualificatif. Les journaux du monde entier se sont prosternés à tes pieds. Tes pairs se sont inclinés. Certains de tes coéquipiers en bleu ont même avoué n'avoir pas joué chaque minute de la rencontre : ils étaient trop occupés à te regarder...

Oui, ce soir-là, malgré ce sourire timide et malicieux, le génie sublime et intouchable, c'était toi.

★ **Nathalie Iannetta**

Et tu as raison : c'était bien...

Valdo L'INCROYABLE BLESSURE

VALDO CÂNDIDO DE OLIVEIRA FILHO, DIT « VALDO »… TRAIT D'UNION FRANCO-BRÉSILIEN INOUBLIABLE DU PSG DE L'ÂGE D'OR (1991-1994) ET DES VERT ET OR DE LA SÉLEÇAO (1986-1993).

VALDO, QUEL EST TON PREMIER SOUVENIR DE FOOTBALL ENTRE LA FRANCE ET LE BRÉSIL ?

C'est le match que je disputais : le France-Brésil de juin 1986 lors de la Coupe du monde au Mexique. J'étais remplaçant. Mais mon autre « premier » souvenir, c'était le France-Brésil aux jeux Olympiques de 1984 que j'avais vu à la télé. La France avait gagné… Encore ! 2-0 ! (*Rires*) En 1986, c'était la première fois de ma vie que j'ai vu de très grandes stars. Platini… Et Tigana ! Il avait fait un match extraordinaire contre nous. Et il y avait une très belle équipe brésilienne avec de très grands bonshommes. Zico, Careca, Socrates, Edinho, Oscar, Julio César ! Et j'avais la chance de faire partie de cette équipe. Tu te demandes comment cette Seleçao n'a pas été championne du monde… Ça a peut-être été la dernière Coupe du monde avec des joueurs de cette classe.

TU AS EU LA CHANCE DE TRAVAILLER SOUS LES ORDRES DE TELÊ SANTANA…

Dans le foot, j'ai eu beaucoup de chance. Dont celle de travailler avec lui : c'était un grand monsieur. Il connaissait le métier et avait le respect de tout le monde. Avec la Seleçao 1982, il a réussi à faire oublier un peu le Brésil champion du monde 1970. Avec lui, on a joué au beau football brésilien, le *futebol arte*. J'ai regretté le titre perdu en 1986, face à la France. Mais celui qui m'a fait le plus mal, c'est 1982. J'ai pleuré comme un gamin parce qu'on avait une équipe de rêve. Au Brésil, avant le match, c'était la folie : les pétards, les cris, la musique. Et après, à la fin du match, quand l'arbitre a sifflé, plus rien… Pas un bruit. Pas de voitures. Rien ! Et d'un seul coup, au bout de cinq minutes, la vie a repris… C'est le foot.

COMMENT EXPLIQUES-TU QUE LE BRÉSIL N'AIT PAS BATTU LA FRANCE EN 1986 ?

La France est revenue au score grâce au but de Platini. Sur une action anodine… On était bien dans le match, on dominait et d'un seul coup, un manque de vigilance défensive, et boum ! Tout est gâché… Ensuite, la France est bien revenue dans le match. Et Zico rate son penalty ! Ce penalty… Nous, on était tranquilles, on s'est dit : « C'est le boss, il n'y a pas de souci. » Il prend le ballon, et… Et le bon Dieu en a voulu autrement. Zico ! J'ai eu la chance de jouer avec lui. Écoute… Avant la Coupe du monde 1986, on attendait la liste des 40 présélectionnés. J'avais 22 ans et mon rêve, c'était juste de faire partie des 40 meilleurs joueurs de mon pays. Mais je n'ai pas été retenu et j'étais très déçu. En mai, il y a eu le derby Grêmio contre Internacional. J'étais forfait, blessé. Une lésion musculaire en haut de la cuisse droite… Le jour du match, Antonio Verratti, le superviseur du Grêmio, mon club, vient me voir : « Tu es convoqué. Tu vas au Mexique. » Moi, incrédule : « OK, ça va, hein ! » Il me dit : « Non, non. C'est vrai ! » Et il me montre le document certifié et là, je me dis : « P… ! Comment je vais faire ? » J'avais cette lésion et on partait le lendemain au Mexique avec la Seleçao ! Zico était blessé et ils m'avaient choisi, moi ! J'ai vu le médecin du club qui a fait une lettre que je devais remettre au staff médical de la Seleçao. J'ai pris l'avion et là j'ai ouvert la lettre. Je lis : « Valdo Cândido doit rester au repos pendant quinze jours »… Arriver à Rio et donner cette lettre ? Impossible ! On ne me garderait pas en sélection. Alors, j'ai déchiré la lettre… J'arrive à Rio, où les supporters cariocas sont fâchés parce que je joue au Grêmio et non à Rio : « Non, mais c'est qui, ce Valdo ? ! » On a ensuite pris l'avion avec la Seleçao. Magique ! Edinho a parlé avec moi, Junior aussi. Leao avait été super. Il m'a dit : « Ici, on est tous pareils. Fais ici comme tu fais chez toi : bienvenue. » Autour de moi, que des grands : Careca, Socrates, Zico ! Moi, j'étais inquiet : j'étais blessé, j'avais très mal en plus…

ET ALORS, AU MEXIQUE ?

Premier entraînement. Je tape le ballon et je suis mal… Au bout de trois jours, Gilberto Ti, le préparateur physique, vient me demander : « Qu'est-ce qui se passe avec toi ? » Je réponds à côté… Gilberto insiste : « Ne me raconte pas d'histoires. Je sais que tu as quelque chose. » Alors je lui montre ma blessure. Il est stupéfait : « Bon, tu ne dis rien à personne. À personne ! On va travailler, toi et moi. Je te ferai aussi des ultrasons, OK ? » OK, j'ai dit… Et on a bien bossé, tous les jours. Au bout de deux semaines, j'étais nickel ! Si je n'avais pas pris cet avion, il n'y aurait jamais eu de deuxième chance ! Je ne pouvais pas laisser passer la Seleçao. Heureusement, depuis tout petit, j'avais appris à supporter la douleur. Parce que quand tu nais au Brésil, il faut se battre pour survivre dès le premier jour, sinon tu es mort…

ET LES TIRS AU BUT ?

Dans les tirs au but, c'est le cinquième tireur qui porte le poids d'une équipe, d'une nation. Il faut être un homme. Si tu rates, avec la

À PROPOS DE ZICO

« C'EST LE BOSS, IL N'Y A PAS DE SOUCI. »

presse sur le dos, tu es mort. À Guadalajara, c'était Paulo César. Un monument ! Le meilleur défenseur au monde. Il a tiré en dernier (il y avait 3-3, *ndlr*), le ballon frappe le poteau et sort... Luis Fernandez a mis le sien. Après ce match, il n'a plus jamais rejoué en Seleçao... La presse avait pardonné Zico pour son penalty raté. Mais pas à Julio César... J'étais sur la touche, avec tous nos supporters derrière. Ils repliaient leurs banderoles en silence, tristes, la tête baissée. Quand on a quitté le stade en bus, on a pu les voir, assis par terre, en train de pleurer... On se doit de toujours respecter les supporters et de leur donner de la joie. Mais parfois on leur apporte aussi de la tristesse.

ON PARLE DU FRANCE-BRÉSIL QUE TU AS JOUÉ AU PARC DES PRINCES EN AOÛT 1992 ? VOUS AVIEZ GAGNÉ 2-0...

C'était un match amical. Je jouais déjà en France, au Paris Saint-Germain. Tu sais, jouer contre la France, c'est différent des autres équipes, c'est spécial... Parce que ce sont deux équipes qui essaient de bien jouer au ballon. J'aime bien notre rivalité contre l'Argentine, mais il y a parfois de la haine, donc du jeu dur, des méchants tacles. Or, pour moi, l'objectif du football, c'est de jouer au ballon, de faire du spectacle et nous, chaque fois qu'on joue contre la France, il y a toujours des bons matchs. En 1992, la France avait un petit avantage : elle nous avait battus aux jeux Olympiques 1984 et au Mondial 1986, mais là, on a gagné... Cela dit, il n'y avait pas de revanche : c'était amical. Mais c'est vrai qu'on était nettement supérieurs aux Français. On jouait ensemble depuis des années. Jorginho était fabuleux, comme souvent nos grands arrières droits : Carlos Alberto, Cafu, Leandro...

IL Y AVAIT BEAUCOUP DE SUPPORTERS BRÉSILIENS AU PARC, CE SOIR-LÀ...

Toujours ! Les Brésiliens sont fiers, ils sont là dans les bons ou moins bons moments. Ils viennent avec les drapeaux, partout dans le monde. À Paris, comme dans d'autres villes, ils sont nombreux. Ils sont arrivés en France il y a longtemps, parfois : ils s'y sont installés, ont fondé des familles... En 1992, j'étais titulaire en Seleçao et le Parc, c'était « mon » stade : j'étais chez moi ! Il y avait des supporters du PSG qui étaient pour moi et pour Ricardo, mais aussi pour l'équipe de France !
(*Rires*) Le Parc, c'est un stade magnifique, avec ses tribunes proches du terrain. À Paris, en plus, on pratiquait du beau football avec Ginola, Le Guen, « Big George » Weah, Bravo... Une belle époque. ★ Chérif Ghemmour

FENOMENO
RONALDO
LUÍS NAZÁRIO DE LIMA
BRÉSIL
9

10
FFF
ZIDANE

IDYLLIQUE

★ FRENCH FLAIR ET FUTEBOL TROPICAL ★

Le jaune d'or et le bleu de France sont couleurs complémentaires, c'était déjà un bon début. Le positivisme du philosophe Auguste Comte fut quasiment religion d'État au Brésil (d'où la devise nationale « *ordem e progresso* »). La culture contemporaine a aussi beaucoup rapproché la France et le Brésil. Le grand architecte brésilien Oscar Niemeyer, francophone et francophile, a vécu un temps chez nous et y a beaucoup bâti. En musique, notre Henri Salvador a inspiré la bossa-nova naissante avec sa jolie chanson *Dans mon île* et le cinéma français a célébré le Brésil avec *Orfeu Negro*, de Marcel Camus (Palme d'or à Cannes 1959), ou avec Bébel et *L'Homme de Rio* (1963). Avant ces deux films, nos deux pays se sont affrontés pour la première fois sur le pré lors du Mondial 1958, en Suède (l'amical Brésil-France, 3-2, de 1930 n'ayant pas été reconnu par la FFF). C'était une demi-finale qu'on perdit 5-2, mais qui révéla deux héros à jamais sanctifiés, le jeune Pelé âgé de 17 ans (3 buts) et Just Fontaine, buteur aussi et en passe d'établir son fabuleux record de 13 réalisations. Les Bleus et les *Auriverde* avaient séduit le monde entier par leur attaque de feu et le talent virevoltant de leurs dribbleurs. L'idylle pouvait vraiment se poursuivre. Car elle avait en fait débuté l'année précédente lors du Tournoi de Paris 1957 que le Vasco de Gama remporta ! Longtemps, ce tournoi de gala du club hôte de la capitale (le RC Paris, puis le PSG à partir de 1974) fut le trait d'union festif entre football d'ici et *futebol tropical*. Outre le Vasco, d'autres équipes de rêve comme Santos, Botafogo, Fluminense, Flamengo ou Atletico Mineiro vinrent fouler la pelouse du Parc des Princes au cœur de l'été, saison des romances...

Après le printemps 1958, il faudra attendre la fin des années 1970 et surtout les années 1980 pour que le football français se voie amoureusement adoubé par le Brésil, grâce à deux titres symboliques. La France « championne du monde des matchs amicaux » fut le premier. Malgré une ironie évidente, cette appellation recouvrait une admiration générale pour un football français ressuscité grâce à Saint-Michel (Platini) et Saint-Étienne (le club). L'acte de renaissance se produisit le 30 juin 1977 quand les Bleus décrochèrent un nul de rêve (en pleine nuit, à cause du décalage horaire) : 2-2 au mythique Maracana ! L'acte de confirmation eut lieu l'année suivante, en mai 1978, quand la France battit la Seleçao en amical pour la première fois (1-0 au Parc, but de Platoche). Deux résultats qui, à l'époque, étalonnaient vraiment la valeur d'une équipe nationale. Car le Brésil reste ce marqueur universel, cet arbitre des élégances de toute la footosphère. Et l'aura de la France n'aura de cesse de briller davantage au contact comparé du Brésil...

Le légendaire « carré magique » de Michel Hidalgo 1982 (Platini, Giresse, Tigana, Genghini), puis celui d'Henri Michel 1986 (les mêmes sauf Fernandez à la place de Genghini) offrirent aux footballeurs français l'étiquette enviée de « Brésiliens de l'Europe ». L'appellation contrôlée, un temps chipée par les habiles footballeurs de l'ex-Yougoslavie, demeure ! Tout comme pour le fameux *french flair* de nos rugbymen, le qualificatif « brésilien » qui colle au foot français découle d'un mélange d'inspiration, de virtuosité, d'improvisation, de technique, d'une touche latine italo-espagnole et africaine, et de télépathie collective. Du panache, quoi ! Comme celui des Brésiliens de Telê Santana...

En 1982, on aurait rêvé d'une finale France-Brésil pour un sommet de foot artistique. Hélas ! Le réalisme italo-germanique eut raison du foot franco-brésilien un peu trop romantique. Le rancard eut quand même lieu le 21 juin 1986, au soleil de Guadalajara. Un des plus beaux matchs de l'histoire de la Coupe du monde, où le ballon ne sortit que rarement des limites du terrain. Il n'y eut pas de perdant : la France gagna (1-1, 4 tirs au but à 3), mais c'est le beau jeu qui triompha. Car il fallait être deux pour produire pareil spectacle... On surnommait à l'époque le prometteur José Touré « le Brésilien », sans que personne ne trouve à y redire. La décennie 1990 rapprochera davantage les deux pays amis/amants avec la venue chez nous des artistes comme Valdo, Raï, Leonardo, Anderson puis plus tard le génial Ronaldinho. D'autres grands Brazileiros passeront par chez nous : Mozer, Ricardo, Fernando, Juninho, Edmilson, Elber, Maicon, Brandao, Alex, Thiago Silva, Thiago Motta (italo-brésilien)... Après tout, après Amalfi dans les années 1950-1960, la France fut pionnière en accueillant à l'OM deux superstars championnes du monde 1970, Jairzinho et Paulo César ! Un Français trouva grâce aux yeux experts et ébahis du peuple brésilien : Zinedine Zidane. Lui aussi gagna son aura planétaire en terrassant le Brésil à deux reprises. Sur l'échelle de l'admiration, son numéro époustouflant au Mondial 2006 (1-0 pour la France) relégua loin derrière ses deux buts de la tête du triomphe de 1998 (3-0). Zidane « est » brésilien, aucun doute là-dessus ! L'accueil amouraché des médias brésiliens dont il a été l'objet en décembre 2013, lors de la cérémonie du tirage du Mondial 2014, a carrément éclipsé la star locale, l'immense Cafu... Le France-Brésil 2004 (0-0) demeure un autre acte authentique de l'union sacrée franco-brésilienne : ce sont ces deux pays qui honorèrent au Stade de France le Centenaire de la Fifa. On observa à nouveau cette gémellité de métissage qu'on retrouve dans les deux pays, dans les deux équipes... Car, à l'instar du Brésil, la France a été aussi pionnière en Europe pour incorporer des joueurs venus de tous les horizons, qu'ils soient européens, mais aussi issus de son empire colonial ensuite émancipé ou de ses DOM-TOM : guyanais, maghrébins, antillais, polynésiens, réunionnais, africains subsahariens, asiatiques, sud-américains. Une mosaïque de couleurs pareille à la Seleçao et qui a incité récemment d'autres pays européens à métisser eux aussi leur football. Aujourd'hui, il appartient aux générations de footballeurs d'ici de redevenir les « Brésiliens de l'Europe ». L'avenir nous le dira. Cela dit, comme le Brésil est toujours roi, on ne pourra jamais dire des Brazileiros qu'ils sont les « Français d'Amérique du Sud ». Quoique... ★ **Chérif Ghemmour**

CHAMPIONNE DU MONDE DES MATCHS AMICAUX

JVC
JVC
Canon

Coca-Cola
FUJI

BRASIL

L comme...

LIBERTÉ

LÉGENDES

LYON

LOS ANGELES

DEUX AIR(E)S DE LIBERTÉ

GUADALAJARA 1986 ET FRANCFORT 2006 SE FONT ÉCHO.

Mais la liberté, ça n'a jamais été l'absence de toute contrainte. La liberté, c'est la folle et brutale maîtrise de cette contrainte. Avec le football, le Brésil et la France sont l'exact contraire du soleil et de la mort : ils se regardent en face sans souffrir. Ils ont en commun l'amour du jeu. Le plaisir du mouvement. L'impression que les artistes improvisent, quand ce travail vient de loin. Quand la France est à son meilleur niveau collectif, on sait bien que sa rencontre avec le Brésil va faire des étincelles. C'est cela, la liberté de jouer. Cette chose qui n'a rien à voir avec l'idée de gagner. Ou alors, elle lui ressemble, mais juste par hasard. Juste parce que les hommes qui ont décidé de jouer cette partie sont déterminés, ensemble, à nous offrir le meilleur d'eux-mêmes. Ils le décident en toute liberté. C'est pourquoi j'aperçois, dans mon rétroviseur, le meilleur de cette liberté, à vingt-huit ans de distance. Dans mon esprit, Guadalajara 1986 et Francfort 2006 se font écho. Même s'il me semble que la liberté qui circule dans les jambes de 1986 est supérieure à celle de 2006. Qu'importe, en définitive. Il y a, d'un côté, Careca, Branco, Zico, Socrates, Julio César et, de l'autre, Platini, Rocheteau, Fernandez, Bats. J'en passe, et peut-être des meilleurs. Les imbéciles se reconnaissent dans la foule en montrant la victoire comme seul dénominateur commun à ce qui reste dans notre mémoire. C'est faire insulte à tout ce dont l'homme est capable dans la défaite. En 1986, comme en 2006, Brésil et France – pour des raisons diverses et variées – passeront à côté d'un titre de champion du monde. D'ailleurs, les plus grands de ces deux formations se permettront de manquer à tous leurs devoirs : Zico – dit « le Pelé blanc » – voit son penalty repoussé par Bats, tandis que, le jour de ses 31 ans, Platini, qui avait égalisé pour la France, enverra le sien dans le ciel mexicain. En 2006, Zidane est si fort, si léger, qu'il parvient curieusement à étouffer une partie du spectacle. Ses arabesques, jonglages et toupies font comme un transfert sur le jeu. On dirait que le Brésil bat désormais dans les veines d'un Kabyle « aux semelles de vent ». C'est lui encore qui envoie, sur coup franc latéral, une balle dans les pieds de Thierry Henry. Mais ce Brésil nous semble en bout de course, quand celui de 1986 avait tous les diamants du monde à sa disposition. Socrates, qui n'était pas encore abîmé par l'alcool et les nuits sans sommeil, hésitait à merveille entre l'attaque et la défense. Miracle de ce Brésil, on aurait dit qu'il marchait, mais son football avançait à la vitesse de la lumière.

On dit que, pour dialoguer, il faut être deux. Pour jouer aussi. Mais tandis qu'en 2006 un homme seul était capable de faire danser toute une équipe, en 1986, c'est une génération qui se donne le ballon pour la dernière fois. Juin 1986. L'expression même de la liberté sur le terrain de Guadalajara. La liberté de vivre ensemble, juste avant de disparaître. C'est la toute fin du refrain favori des Français : « Platini... Platini-Rocheteau... Tigana... Tigana-Fernandez... » C'est ainsi que, le 21 juin de cette année-là, le Brésil et la France se sont trouvés. Vingt-huit ans ont passé. Et bientôt, nous dirons trente. Puis quarante, pour les plus chanceux d'entre nous. Et l'air de rien, l'air de ne pas y toucher, nous reverrons l'ouverture du score de Careca. Nous verrons bien comment le Brésil peut s'y prendre quand il a décidé de jouer au chat et à la souris. Quand c'est la liberté de jouer qui l'emporte. Qui s'impose contre tout le reste. Y compris contre cette curieuse envie de gagner. ★ **Pierre-Louis Basse**

MEXICO8
MEXI

NEYMAR LA NOUVELLE VAGUE

Se demander à quoi pourrait ressembler les France-Brésil de demain, c'est d'abord se demander qui pourrait y participer. La Coupe du monde 2014 aura peut-être servi, une nouvelle fois, cette affiche dans sa version évidemment la plus prestigieuse, la cinquième dans la compétition-reine. Au moment d'imaginer le casting, force est de constater que la Seleçao semble devoir ne jamais cesser de présenter des stars internationales, là où la France – pays formateur et deuxième exportateur mondial de footballeurs... derrière le Brésil – peine à retrouver le niveau de sa production des grandes années. En 2014, les Bleus sont contraints de tout attendre d'un Ribéry grand perdant du Ballon d'or 2013 et déjà dans la trentaine, ou d'un Benzema emblématique d'une « génération 1987 » qui semble ne jamais devoir confirmer. Le Brésil, pour sa part, présente paradoxalement une flopée de défenseurs de très haut niveau, parmi lesquels se distinguent Thiago Silva, Marcelo et Dani Alves. Surtout, il recèle en Neymar un joyau dont on peut déjà espérer qu'il prenne la suite des Messi et autres Cristiano Ronaldo – ou plutôt de Pelé et Ronaldo (le vrai), si l'on s'en tient à la lignée des phénomènes brésiliens. L'histoire du football étant jalonnée d'immenses espoirs déçus et de consécrations totalement inattendues, il faut se garder de tirer des conclusions trop définitives. Certains miseront d'ailleurs plus sur la pépite Oscar... Mais Neymar a dans les pieds suffisamment de talent brut pour conquérir le monde. À 22 ans, il sera peut-être un peu tendre pour le Mondial brésilien, mais après tout, à cet âge, Pelé en était à sa deuxième phase finale... L'héritier a pris le risque mesuré de rejoindre le FC Barcelone dès 2013, pas la plus mauvaise école pour apprendre les rigueurs du football européen sans juguler l'expression d'un immense talent. Contraint d'adopter un profil bas très diplomatique dans l'ombre de Messi et du vestiaire blaugrana, Neymar da Silva Santos Junior est dans les meilleures conditions pour faire mûrir, aussi sereinement que possible compte tenu des attentes, le joueur d'exception qui est en lui. Côté français, en attendant l'émergence hypothétique d'un de ces numéros 10 sans lequel les Tricolores n'ont jamais rien pu réaliser de grand, les regards se tournent vers un secteur défensif devenu une tradition depuis 1998. Des gamins comme Varane ou Pogba, plus jeunes d'un an que Neymar, paraissent avoir l'étoffe de tauliers avec leur étonnante maturité. Ces trois-là ont une bonne décennie devant eux, soit trois ou quatre Coupes du monde, pour nous offrir de nouveaux France-Brésil de légende. ★ **Jérôme Latta**

NEYMAR
DA
SILVA SANTOS
JUNIOR
BRAZIL

LYON TERRE DE BRÉSIL

AU MATIN DU QUART DE FINALE DE COUPE DU MONDE, EN 2006, À FRANCFORT, JEAN-MICHEL AULAS ÉTAIT LE PRÉSIDENT DE SEPT JOUEURS QUI FIGURAIENT SUR LA FEUILLE DE MATCH DE FRANCE-BRÉSIL. JUNINHO, CRIS ET FRED POUR LE BRÉSIL ; ABIDAL, MALOUDA, COUPET ET WILTORD POUR LA FRANCE.

Lyon est devenue une grande puissance française et une terre d'accueil brésilienne de manière concomitante, dans les années 2000. Le mouvement s'est initié selon l'action conjuguée d'une volonté de recrutement et du hasard. Commençons par le hasard, ou presque, de la répartition des matchs sur le territoire pendant le Tournoi de France 1997, cette mini-répétition de la Coupe du monde dans les stades restaurés ou rebâtis ; seul le Stade de France n'était pas achevé. En ces premiers jours de juin 1997, le Brésil avait joué deux fois à Lyon et laissé une trace pour longtemps. La première, le 3 juin, face à la France (1-1), avait fait le bruit d'un coup de canon, celui du coup franc de Roberto Carlos qui était parti vers Feyzin avant de revenir sur Fourvière, rendant Barthez à la condition de spectateur admiratif d'un pur prodige, d'une trajectoire comme on n'en avait jamais vu.

Il y avait eu, surtout, la magie partagée d'un Brésil-Italie (3-3) amical, certes, mais traversé par la grâce de bout en bout, l'un des plus beaux matchs à Gerland, qui avait rappelé aux vieux Lyonnais le choc esthétique et technique du grand Dynamo Kiev vainqueur de l'Atletico Madrid à Gerland, en finale de la Coupe des coupes 1986. L'Italie avait mené 3-1, grâce à un doublé de Del Piero, puis Ronaldo et Romario avaient permis au Brésil d'égaliser. C'était au lendemain de France-Angleterre (0-1) à Montpellier : les papiers terminés sur les Bleus, il nous reste le souvenir d'un soir à Gerland les mains dans les poches, et d'un bonheur absolu face au spectacle.

Mais le Brésil s'est installé autrement à Lyon. Le premier joueur brésilien de l'OL avait été Constantino Pires, dans les années 1950, qui avait également porté les couleurs de Nîmes et de l'OM, à une époque où un joueur venant d'une terre lointaine constituait un exotisme considérable. Le tournant est venu de la signature du défenseur central Marcelo Kiremidjian, dit « Marcelo », en 1993. Ni très athlétique ni très rapide, mais intelligent et sûr, à la remarquable mentalité, Marcelo a marqué l'histoire du club lyonnais, ainsi que celle du lien entre le Brésil et le championnat de France : c'est lui qui est devenu le recruteur des Brésiliens pour l'OL, participant directement à la constitution d'un ogre nouveau. C'est lui qui a envoyé à Bernard Lacombe une cassette où Juninho inscrivait déjà des coups francs extraordinaires. Son CV de recruteur est une liste : Sonny Anderson, Edmilson, Caçapa, Juninho, Cris, Elber, Nilmar, Fred, Ederson, Cleber Anderson, Fabio Santos, Bastos. Ces joueurs ont montré, à Lyon, l'évolution profonde des ressources des clubs brésiliens et la volonté d'adaptation des Brésiliens en exil. L'OL les a fait venir à une époque où le championnat brésilien, rongé par l'inflation et les dettes, était incapable de conserver ou de faire revenir ses meilleurs joueurs : le retour de Fred au pays atteste du changement, et les prix pour acquérir un espoir brésilien ont explosé. Lyon, sur un autre plan, a vu la différence entre la première génération, celle de Juninho, Cris, Edmilson, qui parlaient français après six mois, et la génération suivante qui baragouinait difficilement trois mots, à l'image de Fred.

Lyon, surtout, a constaté l'éternelle différence entre les Brésiliens « Jésus » et les Brésiliens « Samba ». Caçapa, plutôt « Jésus », réunissait certains de ses coéquipiers chez lui pour une prière, quand Fred, plutôt « Samba », organisait des cérémonies plus tardives. Mais, bien sûr, il y a eu des conversions : Edmilson était un « Jésus » quand il était à Lyon, mais, sitôt son transfert à Barcelone, Ronaldinho, apôtre de la nuit, lui a montré une autre lumière qui n'était pas celle du jour, ou alors du petit matin.

En 2014, l'OL ne compte plus un seul joueur brésilien sous contrat. Considérant ses nouveaux moyens économiques et la probabilité extrêmement faible de revoir la Seleçao à Gerland, il est temps pour les Lyonnais d'avoir des souvenirs. ★ Vincent Duluc

1984
LOS ANGELES...
LA NUIT AMÉRICAINE

« C'EST UN PEU COMME AU CINÉMA, AVEC LES GRANDS SECONDS RÔLES : TOUS CES NOMS QUI N'ONT JAMAIS CLAQUÉ SUR LES ÉTENDARDS DE LA GLOIRE. LES OUBLIÉS DU TECHNICOLOR... BON DIEU, MAIS OUI, C'EST LUI, AU FOND DE LA SALLE, QUI JOUAIT AVEC GABIN ET BELMONDO... »

Du pareil au même pour les couronnés de Los Angeles, été californien 1984. Une médaille d'or tout de même pour l'équipe de France de « Monsieur Xu » Daniel Xuereb, vedette de la Butte à Montpellier, attaquant de grande classe et tous ses potes que l'histoire a injustement oubliés. Une médaille d'or, face au Brésil de Dunga, sur la pelouse du Rose Bowl de Pasadena ! Dix ans plus tard, sur cette même pelouse, le tristounet Dunga prendra sa revanche en finale de Coupe du monde avec la bande à Bebeto... Pour les donneurs de leçons à la petite semaine, et pour tous ceux – ils se reconnaîtront – qui ont sorti les poignards, quelques années plus tard, histoire de liquider Henri Michel, il serait bon tout de même de se rappeler la nuit américaine des Bleus de l'été 1984. Les déboulés de Dominique Bijotat, et ce charmant faux air à la Genghini. Le coup de reins génial de François Brisson. Les buts de Xuereb. La vitesse de Guy Lacombe. Et tous les autres au parloir de la victoire, qui en annonçait d'autres... Jean Claude Lemoult, par exemple – au milieu –, qui n'avait pas encore reçu à la figure les godasses de Cantona, dans un vestiaire montpelliérain. Albert Rust, dans les buts,

lequel était déjà très frisé. Zanon, et sa frappe de mule qui faisait tant de bien à l'AS Saint-Étienne. William Ayache, qui ne tarderait plus à trouver durablement sa place au sein d'une équipe de France taillée pour le Mexique à venir. Ayache, le diamant de la défense nantaise. Tous, ils avaient enfilé les obstacles de qualification, comme un cycliste n'a plus bouffé de cols depuis trop longtemps : au bout de l'aventure, douze matchs sans défaite, et une victoire finale contre le Brésil. Deux années d'invincibilité ! Ils avaient éloigné la Belgique, l'Espagne puis la RFA – victoire à Bochum, et but de Lacombe –, s'étaient relevé les manches en phase de poule, sur la côte Est. C'était chouette. Ils avaient l'impression de retourner à la fac, en jouant parfois sur la pelouse du stade universitaire de Harvard. Plus tard, ils pourraient bien la ramener et dire : « En 1984, nous, on a fait Harvard ! »

Qatar (2-2), Norvège (2-1), Chili (1-1), Égypte (2-0), Yougoslavie (4-2) – menée par Mehmed Bazdarevic – n'allaient certainement pas les empêcher de conduire leurs petites affaires américaines. Encore qu'avec la Yougoslavie, les Bleus eurent cette fâcheuse tendance à se foutre le trouillomètre à zéro. Alors que les Français mènent 2-0 – Jeannol et Bijotat –, les Yougoslaves, revenus dans la partie, arrachent les prolongations. Mais Xuereb et Guy Lacombe parviennent à plier la demie. Le sélectionneur, Henri Michel, était un type détendu, jovial : il savait qu'il allait prochainement succéder à Michel Hidalgo, vainqueur de l'Euro. Une page était bel et bien sur le point de se tourner. Une autre s'écrivait en direct. La finale du tournoi olympique, c'était aussi une jolie façon de conclure une quinzaine assez délirante. Cet été-là, en effet, Carl Lewis, sur la piste comme dans les sautoirs, avait adressé un clin d'œil appuyé à Jesse Owens. Là-haut, peut-être, Jesse devait apprécier ! Lewis – 100 m, 200 m, 4x100 m et longueur – enfilait tranquillement quatre breloques en or. Il n'était pas le seul à convoquer la foule américaine : avec ses ongles longs et peints couleur Las Vegas, Florence Griffith-Joyner s'amusait dans la ligne droite du sprint féminin… Au regard de la France, le Brésil était comme voisin de l'Amérique. Pasadena et ses 100 000 spectateurs avaient donc le rythme et la couleur *auriverde* dans ses entrailles, plutôt que tricolore. L'Amérique du

« CE FOOTBALLEUR MOUSTACHU ET DISCRET — XUEREB. »

soccer pouvait en vouloir à son président Reagan. Une nouvelle guerre froide battait son plein. Et comme l'URSS de Brejnev et Tchernenko était très énervée, les Soviétiques étaient restés à la maison, ainsi que la plupart des pays frères. Mais qu'importe, en définitive, l'absence de ces dévoreurs de médailles. La France avait brutalement un coup à jouer. Cela tombait bien. Le Brésil de Dunga avait alors des allures de gentille colonie de seconds couteaux. Porto Alegre pur jus. Romario, Bebeto et Leonardo n'étaient pas dans la place. Et puis, le CIO avait bien voulu des « pros », à la condition expresse qu'ils n'aient pas disputé la Coupe du monde précédente. Étranges et superbes printemps et été, se chevauchant dans la mémoire du football français. Pendant qu'un gardien espagnol, au Parc des Princes, se mettait minable pour vingt ans, devant un coup franc de Platini, Brisson grimpait à une échelle invisible dans le ciel de Pasadena. Sur son banc, Henri Michel n'en revenait pas. Quelques banderilles brésiliennes. Mais rien de convaincant. Ce qui permit à ce footballeur moustachu et discret – Xuereb – d'inscrire son cinquième but du tournoi, le second de cette finale. Au bout de cette nuit américaine, Henri Michel portait encore sur son visage la jeunesse de tous les exploits à venir. Quelques jours encore et il pourrait préparer la tambouille mexicaine. Il deviendrait – mais les donneurs de leçons ont horreur des faits, car ils sont têtus – le sélectionneur le mieux titré. Jusqu'en 1998 s'entend ! Henri Michel terminerait troisième en effet de la Coupe du monde au Mexique. Mieux qu'Hidalgo en Espagne...

★ **Pierre-Louis Basse**

FRANCE
0
0

PORTFOLIO

L'hymne à la joie.
Quand les Bleus parviennent
à vaincre les mythiques Brésiliens,
la joie devient forcément
communicative.

10

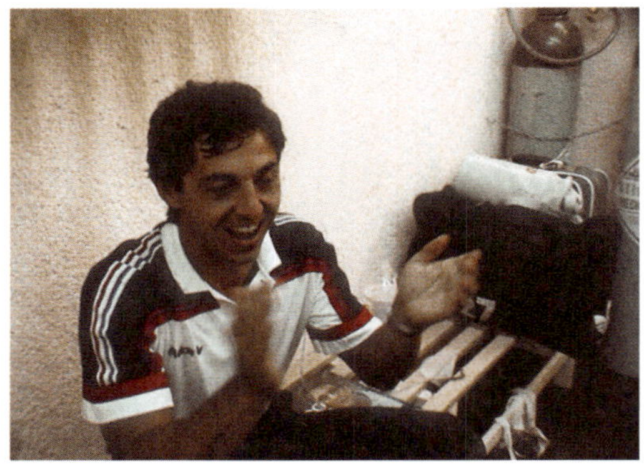

17

adidas

du Monde 98

adidas

GERMANY
2006
FAworldcup

ZIDANE

FEUILLES DE MATCH

1930 BRÉSIL 3-2 FRANCE (2-2)
: Chaves (Rio de Janeiro) – Vendredi 1er août
Affluence : 0 spectateur
Arbitre : Laes Moraes de Castro
Composition des équipes :
🇫🇷 : Thépot – Mattler, Capelle, Chantrel, Delmer – Villaplane, Liberati, Delfour, Pinel – Laurent, Langiller.
🇧🇷 : Velloso – Grané, Del Debbio, Pépé, Fausto – Serafini, Ministrinho, Domingues – Friedenreich Nilo, Theophilio.
⚽ : Domingues (27e), Friedenreich (41e), Domingues (49e) – Delfour (7e, 19e).

1958 COUPE DU MONDE – FRANCE 2-5 BRÉSIL (1-2)
: Rasunda Stadium (Stockholm) – Mardi 24 juin
Affluence : 27 100 spectateurs
Arbitre : Mervyn Griffiths (WAL)
Composition des équipes :
🇫🇷 : Abbes – Kaelbel, Lerond, Penverne, Jonquet – Marcel, Wisnieski, Kopa – Fontaine, Piantoni, Vincent.
🇧🇷 : Gilmar – De Sordi, Bellini, Orlando, Santos – Zito, Didi, Garrincha – Vava, Pelé, Agalo.
⚽ : Fontaine (9e), Piantoni (82e) – Vava (2e), Didi (39e), Pelé (52e, 64e, 75e).

1963 (AMICAL) – FRANCE 2-3 BRÉSIL (0-1)
: Stade Olympique (Colombes) – Dimanche 28 avril
Affluence : 50 000 spectateurs
Arbitre : Concetto Lo bello (ITA)
Composition des équipes :
🇫🇷 : Carnus – Rodzik, Maryan, Lerond, Chorda – Bonnel, Douis, Herbin – Wisnieski, Di Nallo, Cossou (Chillan, 46e).
🇧🇷 : Gilmar – Santos, Eduardo, Dias, Altair – Zito, Gerson, Pelé, Marcos – Ney, Pépé.
⚽ : Wisnieski (70e), Di Nallo (82e) – Pelé (30e, 76e, 84e).

1977 (AMICAL) – BRÉSIL 2-2 FRANCE (1-0)
: Maracana (Rio de Janeiro) – Jeudi 3 juin
Affluence : 83 535 spectateurs
Arbitre : Romualdo Arppi (BRE)
Composition des équipes :
🇫🇷 : Rey – Janvion, Rio, Trésor, Bossis – Sahnoun, Platini, Bathenay – Zimako, Lacombe, Six.
🇧🇷 : Leao – Zé Maria, Edinho, Rodrigues, Neto – Isidoro, Cerezo, Rivelino – César, Gil, Roberto.
⚽ : Roberto (51e), Edinho (30e) – Six (52e), Trésor (85e).

1978 (AMICAL) – FRANCE 1-0 BRÉSIL (0-0)
: Parc des Princes (Paris) – Samedi 1er avril
Affluence : 46 065 spectateurs
Arbitre : Patrick Partridge (ANG)
Composition des équipes :
🇫🇷 : Bertrand-Demanes – Battiston (Bracci, 61e), Rio, Lopez, Bossis – Michel (Petit, 67e), Platini, Guillou – Baronchelli, Berdoll, Amisse (Six, 80e).
🇧🇷 : Leao – Toninho, Oscar, Amaral, Edinho – Zico, Cerezo, Rivelino, Dirceu – Tarciso (Gil, 46e), Reinaldo (Nunes, 61e).
⚽ : Platini (86e).

1981 (AMICAL) FRANCE 1-3 BRÉSIL (0-2)
: Parc des Princes (Paris) – Vendredi 15 mai
Affluence : 47 749 spectateurs
Arbitre : Gianfranco Menegali (ITA)
Composition des équipes :
🇫🇷 : Dropsy (Castaneda, 46e) – Janvion, Lopez, Trésor (Specht, 23e), Bossis – Tigana, Anziani (Delamontagne, 59e), Moizan, Genghini – Rouyer (Lecornu, 78e), Six.
🇧🇷 : Paulo Sergio – Edevaldo, Oscar (Edinho, 78e), Luizhino, Junior – Isidoro, Socrates (Vitor, 78e), Toninho – Zico, Reinaldo (Cesar, 62e), Eder (Sergio, 73e).
⚽ : Six (81e) – Zico (21e), Reinaldo (27e), Socrates (52e).
🟥 : Six (90e).

1986 COUPE DU MONDE – FRANCE 1-1 BRÉSIL (1-1)
: Jalisco (Guadalajara) – Samedi 21 juin
Affluence : 65 677 spectateurs
Arbitre : Ioan Igna (ROU)
Composition des équipes :
🇫🇷 : Bats – Amoros, Bossis, Battiston, Tusseau – Giresse (Ferreri, 84e), Tigana, Platini, Fernandez – Stopyra, Rocheteau (Bellone, 99e).
🇧🇷 : Carlos – Josimar, César, Edinho, Branco – Alemao, Elzo, Junior (Silas, 91e), Socrates – Müller (Zico, 72e), Careca.
⚽ : Careca (17e) – Platini (41e).

1992 (AMICAL) – FRANCE 0-2 BRÉSIL (0-1)
: Parc des Princes (Paris) – Mercredi 2 août
Affluence : 34 428 spectateurs
Arbitre : Frans Van Den Wijngaert (BEL)
Composition des équipes :
🇫🇷 : Martini – Boli, Roche, Prunier – Petit (Fournier, 56e), Durand, Blanc (Sauzée, 65e), Deschamps, Ginola – Cocard (Vahirua, 65e), Papin.
🇧🇷 : Taffarel – Jorginho, Ricardo (Rocha), Rocardo (Gomes), Branco – Luiz Henrique (Junior, 84e), Mauro Silva, Raï, Valdo (Zinho, 65e) – Romario (Bebeto, 65e), Careca.
⚽ : Martini (43e), Luiz Henrique (52e).

1997 (AMICAL) – FRANCE 1-1 BRÉSIL (0-1)
: Gerland (Lyon) – Mardi 3 juin
Affluence : 28 193 spectateurs
Arbitre : Kim Nielsen (DNK)
Composition des équipes :
🇫🇷 : Barthez – Candela, Blanc, Desailly Thuram, 67e), Lizarazu – Karembeu (Vieira, 15e), Zidane, Deschamps, Ba, Pires (Keller, 46e) – Maurice.
🇧🇷 : Taffarel – Cafu, Célio Silva, Aldair (Gonçalves, 88e), Carlos – Giovanni (Djalminha, 73e), Dunga, Mauro Silva, Leonardo – Romario (Nunes, 79e), Ronaldo.
⚽ : Carlos (22e) – Keller (60e).

1998 COUPE DU MONDE – FRANCE 3-0 BRÉSIL (2-0)
: Stade de France (Saint-Denis) – Dimanche 12 juillet
Affluence : 75 000 spectateurs
Arbitre : Said Belqola (MAR)
Composition des équipes :
🇫🇷 : Barthez – Thuram, Lebœuf, Desailly, Lizarazu – Karembeu (Boghossian, 57e), Deschamps, Zidane, Petit – Djorkaeff (Vieira, 76e), Guivarc'h (Dugarry, 66e).
🇧🇷 : Taffarel – Cafu, Junior Baiano, Aldair, Carlos – Leonardo (Denilson, 46e), César (Edmundo, 74e), Dunga – Rivaldo, Bebeto, Ronaldo.
⚽ : Zidane (27e et 45+1e), Petit (90+3e).
🟨 : Deschamps (49e), Desailly (48e), Karembeu (56e) - Junior Baiano (33e).
🟥 : Desailly (68e).

2001 COUPE DES CONFÉDÉRATIONS FRANCE 2-1 BRÉSIL (1-1)
: Suwon WC Stadium (Corée du Sud) – Jeudi 7 juin
Affluence : 34 527 spectateurs
Arbitre : Gamal Al-Ghandour (EGY)
Composition des équipes :
🇫🇷 : Ramé – Sagnol, Desailly, Lebœuf, Lizarazu – Karembeu, Vieira, Pirès – Djorkaeff (Carrière, 60e), Anelka, Wiltford (Robert, 86e).
🇧🇷 : Dida – Maria, Lucio, Leo, Fabio – Edmilson, Léomar, Ramon, Miguel (Robert, 68e) – Leandro (Vampetta, 56e), Washington.
⚽ : Pirès (6e), Desailly (53e) – Ramon (30e).
🟨 : Karembeu (29e), Sagnol (41e), Djorkaeff (61e), Carrière (89e) – Leo (20e), Léomar (76e).

2004 (AMICAL) – FRANCE 0-0 BRÉSIL (0-0)
: Stade de France (Saint-Denis) – Jeudi 20 mai
Affluence : 79 334 spectateurs
Arbitre : Manuel Mejuto Gonzalez (ESP)
Composition des équipes :
🇫🇷 : Coupet – Thuram, Boumsong, Desailly (Mendy, 46e), Gallas – Pirès (Wiltford, 46e), Makelele, Vieira, Zidane (Kapo, 69e) – Trezeguet, Henry.
🇧🇷 : Dida – Cafu, Luisao, Cris, Carlos – Juninho (Baptista, 80e), Edmilson, Roberto (Edu, 46e), Kaka (Alex, 46e) – Ronaldinho, Ronaldo.

2006 COUPE DU MONDE (QUARTS DE FINALE) FRANCE 1-0 BRÉSIL (0-0)
: Stade de la Coupe du monde (Francfort) 1er juillet 2006
Affluence : 48 000 spectateurs
Arbitre : Luis Medina Cantalejo (ESP)
Composition des équipes :
🇫🇷 : Barthez – Sagnol, Thuram, Gallas, Abidal – Makelele, Vieira, Ribery (Govou, 77e), Zidane, Malouda (Wiltford, 81e) – Henry (Saha, 86e).
🇧🇷 : Dida – Cafu (Cicinho, 76e), Lucio, Juan, Carlos – Silva, Roberto, Kaka (Robinho, 79e), Juninho (Adriano, 63e) – Ronaldinho, Ronaldo.
⚽ : Henry (57e).
🟨 : Cafu (25e), Lucio (47e), Juan (45e), Ronaldo (45+2e) – Sagnol (74e), Thuram (88e), Saha (86e).

2011 (AMICAL) – FRANCE 1-0 BRÉSIL (0-0)
: Stade de France (Saint-Denis) – 9 février 2013
Affluence : 79 712 spectateurs
Arbitre : Wolfgang Stark (DEU)
Composition des équipes :
🇫🇷 : Lloris – Sagna, Rami, Mexes, Abidal – M'Vila (Diaby, 59e), Diarra, Gourcuff (Cabaye, 85e), Ménez (Remy, 66e), Malouda – Benzema (Gameiro, 85e).
🇧🇷 : Cesar – Alves, Luiz, Silva, Santos – Lucas, Elias (Andre, 88e), Hernanes – Augusto (Jadson, 58e) – Robinho (Sandro, 67e), Pato (Hulk, 85e).
⚽ : Benzema (54e).
🟨 : Ménez (67e) – Robinho (64e).
🟥 : Hernanes (39e).

2013 (AMICAL) – BRÉSIL 3-0 FRANCE (0-0)
: Gremio Arena (Porto Alegre) – Dimanche 9 juin
Affluence : 51 919 spectateurs
Arbitre : Victor Carrillo (PER)
Composition des équipes :
🇫🇷 : Lloris – Debuchy, Rami, Sakho, Mathieu – Cabaye (Gomis, 82e), Guilavogui, Matuidi (Grenier, 70e) – Valbuena (Lacazette, 70e), Benzema (Giroud, 70e), Payet.
🇧🇷 : César – Alves, Silva, Luiz, Marcelo – Gustavo (Hernanes, 81e), Paulinho (Dante, 87e), Hulk (Lucas 65e), Oscar (Fernando, 65e) – Neymar (Bernard 89e), Fred (Jo,71e).
⚽ : Oscar (59e), Hernanes (85e), Lucas (90+3) pour le Brésil.
🟨 : Luiz (29e).